EIN HAUS FÜR JEDE JAHRESZEIT

EIN HAUS FÜR JEDE JAHRESZEIT

Kristin Perers

Fotos von James Merrell

Aus dem Englischen übertragen von Wiebke Krabbe

Lifestyle by BUSSE SEEWALD

Für meine Mutter und meinen Vater, die mir in meiner Kindheit ein so liebevolles Zuhause gaben und mir die Freiheit ließen, meine Phantasie fliegen zu lassen.

Englische Originalausgabe veröffentlicht in 2003
unter dem Titel
A HOME FOR ALL SEASONS
von Kristin Perers
mit Fotos von James Merrell
Ryland Peters & Small
Kirkman House
12-14 Whitfield Street
London WIT 2RP

Deutsche Ausgabe:

Übersetzung: Wiebke Krabbe, Damlos
Satz: BusseDruck GmbH, Herford
gedruckt in China

ISBN 3-512-03270-2

Inhalt

Inspirationen

‚Dein Haus soll kein Anker sein, sondern ein Mast.'

Kahlil Gibran

Jede Jahreszeit hat eine andere Stimmung. Die Temperatur und die Qualität des Lichts verändern sich, im Sommer wünschen wir uns Kühlung und im Winter warme Behaglichkeit. Die Jahreszeiten haben einen beständigen Rhythmus, doch in unserem modernen Leben – vor allem in der Stadt – verlieren wir leicht das Gefühl dafür. Elektrizität erlaubt uns, die ganze Nacht zu arbeiten. Heizungen und Klimaanlagen regeln auf Knopfdruck die Temperatur. Sicher sind diese modernen, bequemen Errungenschaften ein Gewinn für unser Leben, doch gleichzeitig laufen wir Gefahr, etwas zu verlieren: Wenn wir nicht aufpassen, büßen wir die Harmonie und das Gleichgewicht der Natur ein. Die Natur hat ihr eigenes Tempo, sie lässt sich nicht antreiben. Ein Teil ihrer Schönheit liegt gerade in dieser langsamen Entfaltung. Letztlich sind die Jahreszeiten doch ein Spiel der Gegensätze. All die Freiheiten des Sommers bilden den Gegenpol zum winterlichen Rückzug in die eigene Höhle. Hitze und Kälte haben ihren Platz in diesem Rhythmus, doch erst die Dunkelheit des Winters lässt uns bewusst wahrnehmen, wenn die Tage wieder länger werden. Und ist es nicht die

Alltags-Wunder

Vorfreude, die einen erheblichen Anteil am wunderbaren Geschmack der ersten Erdbeeren ausmacht? Verdeutlichen wir uns die Stimmungen, die jede Jahreszeit mit sich bringt, durch optische Hilfen. Warum haben wir denn im Frühling das Bedürfnis, die Fenster weit aufzureißen und das Haus zu putzen? Es ist eine Reaktion auf die langen Monate, die wir drinnen verbracht haben. Im Sommer entspannen wir uns und verreisen oder schicken zumindest die Seele in Urlaub. Im Herbst versuchen wir, angefangene Vorhaben zu Ende zu bringen, um uns auf den Winter vorzubereiten, und der Winter ist die Zeit, um in sich zu gehen. Die einzige Konstante ist die Veränderung. Machen wir sie bewusst zu einem Teil unseres Lebens und unserer Umgebung und nutzen wir sie, um uns immer wieder die kleinen Wunder im Alltag vor Augen zu führen. Es ist die persönliche Reaktion auf die Umgebung, die aus einem Haus ein lebendiges Zuhause macht. Manchmal bestehen diese Reaktionen nur aus kleinen, persönlichen Gesten, manchmal sind es auch spektakuläre Effekte, die einen Raum verwandeln können. Solche Details, die den Jahresrhythmus spiegeln, erfüllen die Wohnung mit Leben und helfen, uns selbst als Element im natürlichen Fluss der Zeit zu begreifen.

Natürliche Stillleben

Wenn ich allein spazieren gehe, finde ich die meisten Anregungen. Ob in einem Stadtpark, in einem Wald oder am Strand – immer nehme ich Anblick und Klang, Gerüche und Texturen der wechselnden Jahreszeiten wahr und sammle kleine Schätze ein, die ich zur Erinnerung mit nach Hause nehmen. Diese Sammlungen verwende ich für wechselnde Dekorationen der Wohnung, um sie eine Weile zu genießen und dann gegen andere zu ersetzen, so wie es auch in der Natur geschieht. Eine Wohnung ist eine weiße Leinwand. Es macht Freude, eine Tischplatte mit einem Stillleben aus den Lieblings-Fundstücken zu dekorieren: Zweige von einem Wochenendspaziergang auf dem Land, ein simpler Krug mit Wicken aus dem Garten. Verlängern Sie einfach den Genuss der erholsamen Stunden im Freien.

Fünf Umweltfaktoren beeinflussen unser Wohlbefinden:

Licht

Klang

Duft

Farbe

Berührung

Ich glaube fest an die Macht der Schönheit. Sie kann anregen, heilen und unsere Sinne wecken. Für manchen mag die Schönheit eines Blumenarrangements trivial sein, doch ich weiß, wie gut sie mir tut. Schönheit ist das Geschenk der Welt an uns Menschen. Ein Duft kann im Nu lange vergessene Erinnerungen wach rufen. Sonnenlicht, das nach einem langen Winter auf die Haut fällt, verscheucht Sorgen. Unsere direkte Umgebung hat enormen Einfluss auf unsere Stimmungen und Emotionen – machen wir uns diesen Einfluss zunutze

Die Natur gibt uns die Vielfalt, die wir brauchen.

'Entdecke die heiligen Orte mitten im Gewöhnlichen und erfahre, dass das Gewöhnliche letztlich doch ungewöhnlich ist.'

Victoria Moran, Shelter for the Spirit

‚Der Sommer ist unruhig – zu viel Hitze und zu viel Aktivität. Im Herbst jedoch herrscht Ordnung, im Winter regiert die Tradition und im Frühling das Wachsen. Im Frühling brauchen meine Rosensträucher, mein Gras und meine Blumen mich. Ich erneuere mein Haus und mein Haus erneuert mich.‘

Toni, Shelter for the Spirit

Was draußen vorgeht, sollte das beeinflussen, was drinnen geschieht

Auch der Garten und der Gemüsemarkt liefern viele Inspirationen. Orientieren Sie sich an den charakteristischen Farben jeder Jahreszeit. Beobachten Sie an einer Blumenvase, wie sich der Wechsel von sommerlichen Margeriten zu herbstlichen Hortensien auf die Stimmung des Raums auswirkt. Diese Veränderung löst das Bedürfnis aus, das duftige Leinen des

Holen Sie sich mit einem Kiesel den ganzen Strand ins Haus

Sommers durch eine üppige Paisley-Decke auf dem Sofa zu ersetzen und die Möbel dichter an den Kamin zu rücken. Eine Veränderung löst die nächste aus. Denken Sie an das Vergnügen, einen Arm voller Sonnenblumen nach Hause zu bringen, vielleicht auch die ersten Erdbeeren der Saison. Stellen Sie sie einfach auf den Küchentisch und jedem wird bewusst, dass nun der Sommer wirklich begonnen hat.

‚Die besten Dinge im Leben kosten nichts.'

Der Frühling spielt Verstecken mit uns. Mal ist er da, dann wieder nicht. Noch können wir nicht wagen, die warmen Wollpullover einzumotten, doch wir haben Sehnsucht nach Veränderung, nach der Frische des neuen Jahres, das noch vor uns liegt. Keine andere Jahreszeit wird mit so viel Hoffnung und Vorfreude erwartet. Die ersten warmen Tage locken uns nach draußen, bringen uns zum Lächeln. Überall wächst und sprießt es, die Erde ist wieder jung. Was sind die charakteristischen Elemente dieser Jahreszeit? Denken Sie an die freudige Überraschung, wenn der erste Krokus aufblüht, an den himmlischen Duft der Maiglöckchen oder das Gezwitscher der Vögel, die in den Garten zurückkehren.

Frühling

Die Welt steckt voller Energie. Aber diese Zeit der Erneuerung, wenn die Natur Leben zur Welt bringt, hat auch etwas Verletzliches. Drücken Sie die Spannung des Frühlings auf kreative Weise aus. Ein sehr einfaches und befriedigendes Vergnügen ist es, Zwiebelblumen zu treiben. Setzen Sie bei der Wahl der Töpfe Ihre Fantasie ein – gewöhnliche Dinge, die jeder im Haus hat, liefern eine Fülle von Ideen. Lassen Sie einen alten Metalleimer von weißen Narzissen überquellen, oder bepflanzen Sie preiswerte Emaillebecher mit einzelnen Hyazinthen und stellen sie in einer Reihe auf.

Dünne Zweige von Obstbäumen wie Kirsche, Apfel und Quitte kann man im Haus zur Blüte bringen. Schneiden Sie die Enden der holzigen Stiele ein, stellen Sie sie in einer Vase mit Wasser in einem warmen Raum auf und beobachten Sie, wie sich die Blüten öffnen. Jetzt werden auch die Samen für die frühen Blumen und Kräuter eingekauft und vorgezogen. Säen Sie in traditionelle Holzkästen, die auf einer sonnigen Fensterbank aufgestellt werden. Die jungen Sämlinge sind ein weiteres Zeichen für die Erneuerung der Natur. Die typischen Texturen des Frühlings sind warm und einladend: Denken Sie beispielsweise an Weidenkätzchen oder flauschige, frisch geschlüpfte Küken. Zarte Farne entrollen sich über feuchter Erde. Lassen Sie sich davon anregen und umgeben Sie sich mit weichem Baumwollstrick, sanft verblichenem Blumenchintz oder unschuldigem Vichykaro. Solche Stoffe spiegeln die Zartheit der Welt draußen vor den Fenstern. Die Natur trägt jetzt zarte Farben wie Flieder, pudriges Rosa und frisches Grün, holen Sie sich diese Töne ins Haus. Ein Strauß gelber Narzissen auf dem Küchentisch kann ausreichen, alle Erinnerungen an den Winter zu verscheuchen.

Traditionell ist der Frühling die Zeit für den Hausputz, um den Staub abzuschütteln und die Räume durchzulüften. Putzen Sie die Fenster, damit Sie die länger werdenden Tage genießen können. Natürliche Reinigungsmittel wie Essig, Soda und Borax reinigen gründlich, ohne die Umwelt zu belasten. Reiben Sie Holzflächen mit einer Bienenwachspolitur ein, die ihnen einen schönen Glanz und einen wundervoll sanften Duft gibt.

Die Luft schwirrt jetzt von Energie und Optimismus. Das freundlichere Wetter lockt uns aus dem Winterschlaf und macht Lust, sich mit anderen Menschen zu treffen. Lassen Sie sich von den frischen Produkten des Marktes anregen und planen Sie ein Menü mit den Überraschungen des Frühlings. Das herrliche Aroma neuer Kartoffeln mit frischer Minze und jungen Erbsen gibt es zu keiner anderen Jahreszeit. Schwelgen Sie in Sinnenfreude und bestreuen Sie Ihren Salat mit frisch gepflückten Veilchen. Lassen Sie den Frühlingsgefühlen freien Lauf und bringen Sie Ihre Wohnung ebenso zum Grünen und Sprießen wie die Natur vor der Tür.

Die Tage werden länger, das Licht intensiver, das Wetter wärmer: Der Sommer ist da. Diese Faktoren sind es, die in uns den Wunsch nach Entspannung und Abschalten wecken. Sommer hat mit Freiheit zu tun. Freiheit von der Routine, sogar von den Zwängen der Kleiderordnung. Das ganze Leben wird lässiger. Das sollte auch die Sommerdekoration vermitteln und im Idealfall lockere, entspannte Ferienstimmung verbreiten. Geben Sie der Jahreszeit nach, vereinfachen Sie das Leben, verschaffen Sie sich Raum zum Atmen. Im Sommer ist das Haus ein schattiger Rückzugsort vor der sengenden Sonne draußen. Jetzt ist Zeit für

Sommer

sparsame Dekoration, offene Fenster und leichte, dünne Bettdecken. Rollen Sie die Teppiche auf, laufen Sie barfuß über kühle Bodendielen. Tauschen Sie die Vorhänge gegen schlichtes, weißes Leinen aus. Verwenden Sie eine Strandmatte aus Stroh als improvisierten Tischläufer und stellen Sie darauf als Dekoration eine Schüssel mit glatt gewaschenen Glasscherben vom Strand. Ein einzelner Seestern sieht auf einer Fensterbank schön aus, mit blauem Himmel als Hintergrund. Drapieren Sie eine duftige Häkelstola über einen Tisch und stellen Sie eine Vase darauf, aus der wilde Möhre quillt. Der Sommer geht schnell vorbei – halten Sie fest, was Sie erwischen können.

Betrachten Sie Ihre Einrichtung locker und lassen Sie sich die Freiheit zur Spontaneität. Stellen Sie einige Möbel nach draußen und schaffen Sie Bereiche, um den Sommersonnenschein zu genießen. Eine Liege auf der Terrasse, gepolstert mit Kissen und geschützt mit einem Moskitonetz, vielleicht auch eine große Hängematte zwischen zwei Bäumen – mehr braucht man nicht für einen spontanen Urlaubstag mit einem guten Buch.

Nach einem sanften Beginn kommt der Sommer richtig in Fahrt. Die Farben im Freien werden kräftiger und leuchten im intensiven Sonnenlicht. Lassen Sie sich vom Pinkton der Kosmeen im Garten inspirieren und setzen Sie auch drinnen kräftigere Akzente. Eine schlichte Schale mit Nektarinen oder ein Topf voller Ringelblumen kann schon ausreichen. Um diese Zeit gibt es reichlich Blumen, sie brauchen also nicht zu geizen. Schneiden Sie üppige Sträuße und arrangieren Sie sie so zwanglos, wie sie auch in der Natur wachsen. Kräuter müssen sich nicht in der Küche verstecken. Binden Sie Minze, Rosmarin und Salbei in Ihre Sträuße

oder ziehen Sie Kräuter in einem Kasten vor dem Schlafzimmerfenster. Nachts zieht der Duft durch das geöffnete Fenster herein und schenkt Ihnen süße Träume.

Das Kochen wird nun, wie im Süden üblich, ins Freie verlegt. Ob Croissants zum Frühstück auf der Terrasse oder gegrillte Meeresfrüchte am Abend, jede wache Minute kann man draußen genießen. Und selbst wenn Sie den Sommer in der Stadt verbringen müssen, können Sie Urlaubsstimmung schaffen, indem Sie ein Menü aus Ihrem Lieblings-Reiseland kochen. Zutaten aus aller Welt sind heute fast überall zu bekommen. So ist es kein Problem, Geschmack, Duft und Aussehen selbst der exotischsten Länder auf den Tisch zu bringen. Und wer für ein Essen im Freien eine romantische Atmosphäre schaffen will, braucht eigentlich nur einige Kissen und Tischdecken nach draußen zu bringen und Marmeladengläser mit Sand zu füllen, in dem brennende Kerzen stecken. Dann fehlen für einen perfekten Abend nur noch die Sternschnuppen.

Strandspaziergang

Sehen Sie sich glatt gewaschene Glasscherben vom Strand einmal genau an: so sieht das Meer aus. Strandglas vereint alle Aspekte des Meeres: die Farbe, den Schimmer der Salzkruste, die sanfte Transparenz wecken Assoziationen an Wellen, Sand und Sonne. Ein einzelnes Stück schimmert wie das Sonnenlicht auf dem Wasser. Mehrere zeigen subtile Farbkontraste und -harmonien, die an eine bewegte Wasserfläche denken lassen. Kinder und Erwachsene haben Spaß daran, auf einem Spaziergang am Meer diese kleinen Juwelen zu sammeln. Schon eine Hand voll Glasstücke in der Wohnung verbreitet ebenso Strandstimmung wie ein Foto oder ein Gemälde. Ich mag gern beim Spazierengehen kleine Farbpaletten in meiner Hand zusammenstellen. Und ich staune immer wieder, wie es der Natur gelingt, Farbharmonien hervorzubringen, die einander perfekt ergänzen. Im Gehen füge ich neue Stücke hinzu, sortiere andere aus und freue mich daran, wie sich durch das Austauschen einer einzigen Farbe die gesamte Harmonie verändert.

Zuhause setze ich diese Farbpalette ein, um die Stimmung des Sommers einzufangen und bewusst zu machen. So habe ich mich an den Schattierungen des Meeres orientiert und einige alte Gartenmöbel in verschiedenen Grün- und Weißtönen gestrichen. Mit verdünnter Dispersionsfarbe habe ich Schicht um Schicht aufgetragen und die Farbe immer wieder angeschliffen, sodass die darunter liegenden Schichten zum Vorschein kommen und die Objekte in Farbe und Textur ein verwittertes Aussehen erhalten.

Links Ein Mobile aus Strandglas, Treibholz und Bindfaden schimmert in der Sommersonne.

Rechts Strandglas erinnert in Farbe, Textur und der speziellen Art, das Licht zu reflektieren, an das Meer im Sonnenschein.

Ganz rechts, oben Farbtöpfe in den Tönen von Strandglas. Trägt man die Farbe in vielen dünnen Schichten auf, entstehen wunderschön verwitterte Effekte.

Ganz rechts, unten Ein alter Schaukelstuhl, ein Teewagen und sogar ein verzinkter Kübel sind in Farben gestrichen, die an Strandglas erinnern. Die perfekte Ergänzung dazu sind die langen Halme des Strandhafers – ebenfalls auf einem Spaziergang am Meer gesammelt.

Das Jahr rückt voran und auf den sonnenverbrannten Feldern des Sommers wird die herbstliche Ernte eingefahren. Die leuchtenden Sommerfarben verwandeln sich in Feuertöne. Der Herbst ist der Höhepunkt des Jahres. Jetzt vollendet die Natur, was sie angestrebt hat: Überfluss. Das kühlere Wetter löst neue Aktivität aus. Die Ferienzeit ist vorüber, jetzt folgt die Zeit der Ernte. Wir kommen noch einmal richtig in Schwung, um alles Leben auszukosten, ehe sich die Decke des Winters über das Land legt. Es ist die Saison der Feste und Feiern, in der Stadt beginnt das Leben wieder, und ehe man sich versieht, ist der Terminkalender bis Neujahr voll.

Herbst

Zur Zeit der Tagundnachtgleiche im Herbst, kehrt eine gewisse Routine im Leben ein. Nun beginnt eine Phase des Aufräumens, des Sortierens und der Vorbereitungen auf die bevorstehenden Events und Festlichkeiten. Die Farbpalette des Herbstes ist dramatisch. Goldgelb vermischt sich mit feurigem Rot, dazwischen leuchten Orange und zahllose warme Rosttöne. Es sind Kombinationen von ungewöhnlicher Tiefe und Intensität, die man in den Mustern eines Paisleys, im Gewebe eines behaglichen Tweeds, in einem verblichenen Kelim oder den Streifen eines indischen Sari wiederfindet.

Solche Stoffe sind es auch, die Wärme schenken, wenn das Wetter kühler wird. Wenn wir die dicken Pullover wieder hervorholen, die festen Schuhe und die Regenjacken, sollten wir auch beginnen, unsere Wohnräume wärmer zu gestalten.

Birnen sind ein perfektes Symbol für diese Jahreszeit. Ihre warmen Farben und ihre sanften Rundungen werden zum Ausdruck des Reifens, das im Zentrum dieser Jahreszeit steht. Zuerst hängen sie in reicher Fülle an den Bäumen, dann werden sie gepflückt und schmücken den Tisch in einer Schüssel, ehe sie zu einem duftenden Kuchen gebacken werden. Die Wunder der Natur haben viele Facetten. Auch Kürbisse führen ein Doppelleben. Das Innere wird ausgeschabt und zu köstlichen Suppen verarbeitet, während die Schale als dekorative Suppenterrine oder als traditionelle Halloween-Laterne dienen kann.

Große Holzschüsseln mit Äpfeln und Nüssen ersetzen jetzt die Blumensträuße des Sommers. Ein Einkauf direkt beim Bauern oder im Bioladen

lohnt sich, weil die organisch angebauten Obst- und Gemüsesorten in Form, Größe und Farbe vielfältiger aussehen als die einheitlich-sterilen Supermarktprodukte. Leider verstehen die Einkäufer der Supermärkte solche Variationen als Mängel und nicht als Wunder der Natur.

Seien Sie kreativ beim herbstlichen Dekorieren der Wohnung. Schauen Sie, was der Garten noch zu bieten hat. Blumen wie Sonnenhut, Jungfer-im-Grünen und Mohn haben interessant geformte Samenkapseln, die im Gegensatz zur sommerlichen Blüte sehr lange halten. Kombinieren Sie stachelige Disteln, pralle Hagebutten und farbiges Laub zu leuchtenden, herbstlichen Arrangements. Trocknen Sie Salbei im Kamin und verwenden Sie sie zum Anzünden des ersten Herbstfeuers. Es heißt, dass der Rauch böse Geister vertreibt, die in den Ecken lauern könnten. Eicheln und Tannenzapfen sind für den Herbst, was Strandkiesel für den Sommer sind. Sammeln Sie auf Waldspaziergängen kleine Schätze, die der Wohnung rustikalen Charme geben.

Herbstfrüchte

Farben haben großen Einfluss auf unsere Emotionen und Stimmungen. Fröhliches, energiegeladenes Gelb ist die Farbe der Sonne. Rot ist die Farbe der Leidenschaft, Blau lässt an das Meer denken. Beim Anblick der zahllosen Farben, die heute erhältlich sind, fühlt man sich leicht wie ein Kind in einem Süßigkeitengeschäft. Auf der sicheren Seite steht, wer sich bei der Dekoration an den Farben der Natur orientiert – die Natur macht selten Fehler. Die Töne der einheimischen Pflanzen und der Landschaft geben wertvolle Impulse für die Wahl der Farben im Haus.

Setzen Sie Akzente, indem Sie beispielsweise – wie es im 19. Jahrhundert in Mode war – die Decke himmelblau streichen. Wer nicht den Mut hat, einen ganzen Raum farbig zu streichen, könnte mit einer Wand beginnen. Selbst die kontrastfarbig lackierte Innenseite eines Regals kann Ihnen immer wieder im Vorbeigehen ein Lächeln entlocken. Meine eigene Lösung für vorübergehende Farbvorlieben besteht darin, Leinwand in der momentanen Lieblingsfarbe zu bemalen. Fertig gespannte Leinwand in kleineren Formaten wird im Künstlerfachhandel angeboten. Mit Leisten, einem Tacker und einigen Metern Leinwand kann man größere Formate leicht selbst machen. Lassen Sie sich nicht durch den Gedanken einschüchtern, dass Sie es mit Künstlerleinwand zu tun haben. Tragen Sie die Farbe einfach in mehreren dünnen Schichten auf, als wäre es eine Wand. Und wenn sich die Vorlieben ändern, streichen Sie die Leinwand einfach über.

Links Früchte der Saison geben Anregungen für eine herbstliche Farbpalette. **Rechts** Eine große Leinwand, in abgestuften Bordeaux-Tönen gestrichen, bildet den Hintergrund für die prächtigen Farben der üppigen Kissen und der Decke aus Samt und Seide. Das Ensemble schafft in einem ganz in Weiß gehaltenen Raum behagliche Stimmung.

Wenn der Winter einzieht, kommt die Welt zur Ruhe. Die Tage sind kurz, das Wetter ist oft trübe. Mehr als zu anderen Jahreszeiten haben wir jetzt mit den Elementen zu kämpfen. Doch gerade bei grauem Himmel und eisigem Sturm wissen wir die Geborgenheit der Wohnung zu schätzen. Die Welt zieht sich in den Winterschlaf zurück, und wir machen keine Ausnahme. Bauen Sie ein behagliches Nest als Schutz vor dem widrigen Wetter, rollen Sie sich mit einer Wolldecke vor einem knisternden Feuer zusammen. Schlürfen Sie heißen Kakao und hören Sie sanfte Musik, während draußen friedlich der Schnee fällt.

Winter

Nehmen Sie bei Kerzenlicht ein ausgedehntes, heißes Bad mit ätherischen Ölen. Lassen Sie den Duft von Apfelpunsch mit Zimt durch die Räume ziehen. Das Leben findet jetzt drinnen statt, dies ist die beste Zeit zum Basteln und Handarbeiten. Richten Sie einen Tisch für solche Projekte ein, auf dem die Zutaten liegen bleiben können, oder stellen Sie einen großen Korb bereit. Das Strickzeug wird nicht nur schneller fertig, es sieht auch hübsch aus, wenn es jederzeit griffbereit in einem Korb liegt. Und wenn das fertige Produkt dann einen Platz in der Wohnung bekommt, leistet es wiederum einen Beitrag zur Behaglichkeit.

Wenn die Tage kurz sind, können freundliche Farben und lebhafte Muster einen Ausgleich zur allgegenwärtigen Dunkelheit schaffen. Die Skandinavier mit ihren langen, düsteren Wintern machen es uns mit den fröhlichen Karos und den traditionellen Strickmustern vor. Den gleichen Effekt haben schottische Tartans – auch sie wärmen und beleben. Bei der winterlichen Gestaltung der Wohnung geht es vor allem darum, die Kälte und den Trübsinn zu vertreiben. Verwöhnen Sie sich mit griffigen, weichen und luxuriösen Stoffen – Samt, dicker Baumwollcord, Wolle und Angora. Und als Gipfel der Gemütlichkeit kuscheln Sie sich in eine üppige Decke aus Webpelz, die man kaufen oder auch leicht selbst nähen kann.

Im Winter zeigt die Erde ihr Skelett. Denken Sie beispielsweise an die bizarren Zweige der Zaubernuss. Schon ein einzelner Zweig in der Wohnung kann märchenhaft aussehen. Buchsbaum und Lorbeer stehen einsam im Garten. Ihre schlichten, strengen Formen lassen das Auge nach dem wilden Farbenspiel des Herbstes zur Ruhe kom-

men. Winden Sie Kränze aus dem, was noch im Garten zu finden ist – der Kreis symbolisiert den endlosen Zyklus der Jahreszeiten. Wenn es nichts Grünes mehr gibt, verarbeiten Sie kahle Zweige, deren spröde Schlichtheit eine ganz eigene Poesie besitzt.

Weil Blumen jetzt Mangelware sind, bringen Früchte und Blätter frische Farbe in die Wohnung. Eukalyptus wird Heilwirkung zugesprochen, zudem hält er sich lange. Und wenn seine Blätter trocknen, verfärben sie sich von Grün zu einem eleganten, metallischen Silberton. Schalen mit Orangen und Zitronen können lebendige Akzente setzen. Geben Sie den Zimmerpflanzen jetzt viel Zuwendung und nehmen Sie sich Zeit, um zu träumen und Pläne für Garten und Blumenkästen im nächsten Sommer zu schmieden. Pflanzen Sie am Neujahrstag eine Amarylliszwiebel und genießen Sie die Schönheit ihrer Entwicklung, die sich mit dem neuen Jahr langsam entfaltet.

Kreationen

Schaut her

EIN HAUS SOLLTE DIE PERSÖNLICHKEIT SEINER BEWOHNER SPIEGELN. IM IDEALFALL WIRKT ES WIE EIN INDIVIDUELLES PORTRAIT. DABEI SIND ES GERADE DIE KLEINEN DETAILS, DIE DEM HAUS SEINEN EINZIGARTIGEN CHARAKTER GEBEN – DIE DEKORATIVEN VIGNETTEN, DIE WIR MIT DINGEN VON PERSÖNLICHER BEDEUTUNG GESTALTEN. ERST DIESE KLEINIGKEITEN MACHEN AUS NEUTRALEN RÄUMEN EIN INDIVIDUELLES ZUHAUSE. SEHEN SIE IHRE WOHNUNG MIT DEN AUGEN EINES KÜNSTLERS UND GENIEßEN SIE DIE FREUDE, WIE EIN MALER STILLLEBEN ZU GESTALTEN. Seien Sie spontan, lassen Sie sich von den Jahreszeiten, den Veränderungen des Lichts und der Temperatur anregen, Ihre Umgebung zu überdenken. Setzen Sie die Impulse der Natur bei der Gestaltung Ihrer Räume um. Sorgen Sie für Abwechslung, indem Sie Lieblingsstücke von einem Zimmer in ein anderes stellen. Benutzen Sie Vorhandenes, Vertrautes in neuen Kombinationen und Sie werden überrascht sein, wie anregend solche Objekte wirken können, wenn sie buchstäblich in einem neuen Licht präsentiert werden. Ich nehme gern Kleinigkeiten aus der Natur mit nach Hause, um sie in meinen veränderlichen Stillleben zu verwenden. Sie helfen dabei, Erinnerungen an Momente und Orte zu bewahren. Erzeugen Sie Spannung, indem Sie große und kleine, harte und weiche Objekte kombinieren. Mixen Sie Gegenwart und Vergangenheit. Betonen Sie etwas, indem Sie es en masse präsentieren. Wenn Sie Ihre Dekorationen immer wieder verändern, wird sich Ihre Wohnung viel lebendiger anfühlen, denn gerade diese Details sind es, die dem Haus eine Seele geben und für das Wohlbehagen der Bewohner sorgen. Jeder Mensch hat ein kreatives Potenzial, das sich aber nicht unbedingt auf konventionelle Weise im Malen oder Schreiben ausdrücken muss. Auch das Arrangieren von Blumen oder von Gegenständen auf dem Kaminsims ist eine kreativer Beschäftigung. Die Wohnumgebung hat enormen Einfluss auf Stimmungen und Emotionen – dieses Wissen sollten wir nutzen.

Erinnerungsstücke

Wer sagt, dass nur »ernsthafte« Kunst an der Wand hängen darf? Auch eine Sammlung aus persönlichen Erinnerungsstücken, etwa Postkarten, Kinderzeichnungen und Skizzen, kann einem Raum Charakter geben. Vergessen Sie nicht, dass Veränderung lebendig wirkt und gestalten Sie kurzlebige Arrangements, die Ihre augenblicklichen Stimmungen und Interessen ausdrücken. Solche Sammlungen wirken spontaner und anregender, wenn ihre Anordnung stets offen ist für neue Ideen und Entwicklungen.

Links Eine einfache Wäscheleine an einer Wand bietet sich für eine variable Sammlung von Aquarellen an. **Oben** Postkarten und Fotos verbreiten sommerliche Ferienstimmung. **Oben rechts** Drucke mit Seetang-Motiven hängen zwanglos an der Wand und bilden ein Gegengewicht zu dem Bild mit dem formalen Rahmen. **Mitte rechts** Polaroidfotos und trockene Flechten als subtile Winterdekoration. **Unten rechts** Ein hölzerner Paravent mit angenagelten Klammern dient als Präsentationsfläche für eine veränderliche Sammlung von Postkarten und Bildern.

d week
overnment
ing loving
a gland
it is luxury
ght. Really
a splurge for
Florida's Beautiful Indian River

Pinnwand

So eine dekorative Pinnwand macht auch im Wohnzimmer oder über dem Schreibtisch eine gute Figur. Der Rahmen aus Kiefern-Profilleisten stammt vom Trödler. Das antike Aussehen entsteht durch mehrere Schichten von Dispersionsfarbe in verschiedenen Weißtönen. Fotos und persönliche Erinnerungsstücke werden unter die Bänder geschoben und nehmen so keinen Schaden durch Nadeln. Neues kann jederzeit zugefügt und Altes ausgetauscht werden.

Material
Styroporplatte
Polyester-Wattiervlies
leerer Rahmen
Baumwolldrell
Paketklebeband
Band
Landkartennadeln

1 Zuerst die drei Materialschichten vorbereiten. Styroporplatte und Wattiervlies so zuschneiden, dass sie exakt in den Rahmen passen. Beim Zuschnitt des Baumwolldrells an allen Seiten 10 cm zugeben.

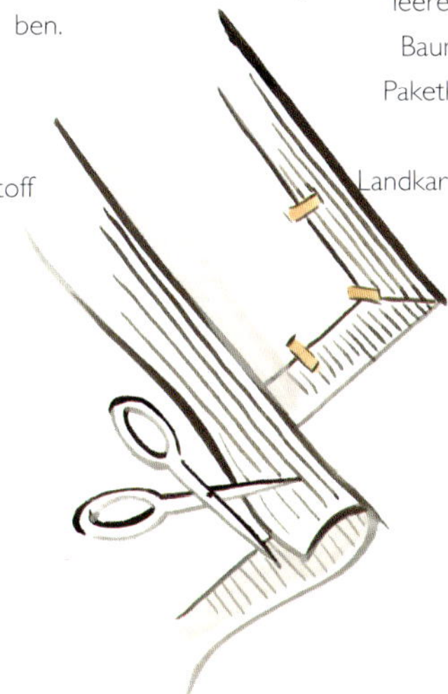

2 Das Vlies zwischen Styropor und Stoff legen. Dann die Stoffränder stramm nach hinten umklappen. Die Ecken schräg abschneiden und sauber einschlagen. Die Stoffränder mit kleinen Stücken Klebeband fixieren.

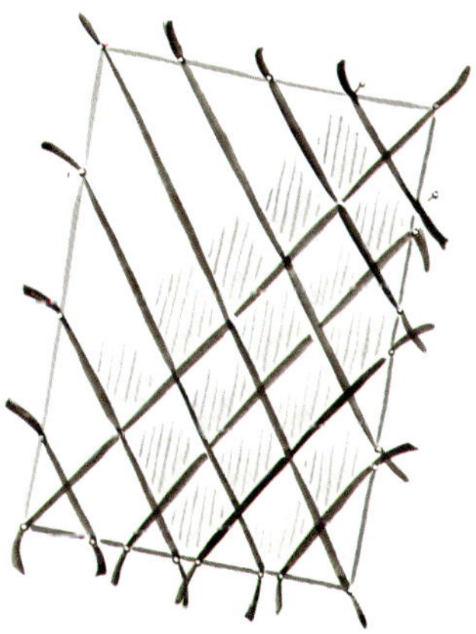

3 Das Band auf der Stoffseite der Platte in einem gleichmäßigen Rautenmuster auslegen. Jedes Band am Rand der Platte mit einer Nadel befestigen und stramm ziehen. Die Enden nicht zu knapp abschneiden, sie werden zur Rückseite umgeschlagen.

4 Wenn die Bänder gleichmäßig angeordnet sind, die Bänder auf die Rückseite der Platte legen und mit kleinen Stücken Klebeband fixieren. Dann die Nadeln aus den Bandenden entfernen. In jede Kreuzungsstelle des Bandes eine Nadel bis an den Kopf eindrücken.

5 Die vorbereitete Platte in den Rahmen legen und mit Paketklebeband befestigen. Dabei werden auch die Schnittkanten des Stoffes und der Bänder abgedeckt.

Wechselspiele

Es braucht etwas Mut, Bilder an eine leere Wand zu hängen. Man muss schon sicher sein, dass man seine Vorlieben nicht zu schnell revidiert, denn sind einmal Nägel eingeschlagen, lässt sich die Dekoration nicht mehr so leicht verändern. In meinem Haus habe ich dieses Problem mit Regalen von nur 8 cm Tiefe gelöst, auf denen ich immer wieder neue Kombinationen von Skizzen und Fotos arrangiere. Alternativ könnten Sie ein einzelnes, großes Gemälde über das Kaminsims hängen und verschiedene kleinere Bilder in mehreren Schichten davor anordnen, die einfach angelehnt werden. So haben Sie immer die Freiheit, ganz nach Lust und Laune eine schöne Postkarte oder ein neues Lieblingsfoto in die Sammlung aufzunehmen.

Links Kunst an der Wand kann viele Formen haben. Wer sich kein Originalgemälde leisten kann, muss deshalb nicht mit kahlen Wänden leben. Hängen Sie Quilts, Kleidungsstücke oder einfach Stoffbahnen auf, vielleicht auch eine Sammlung von Hüten. Zusammen mit den Gartenstühlen und dem Blumentopf aus dem Garten verbreitet die Sammlung von Strohhüten hier eine sommerliche Stimmung.

Rechts Das Regal in der Nische setzt sich in den schmalen Holzleisten an der Wand fort, auf denen immer wieder andere Schätze präsentiert werden können.

Die Schönheit kleiner Dinge

Um ein attraktives Ambiente zu schaffen, müssen Sie sich nicht mit kostspieligen Gegenständen umgeben. Schönheit liegt oft gerade in alltäglichen Dingen. Betrachten Sie die Objekte, die Sie jeden Tag für vertraute Rituale benutzen, einmal genauer und Sie werden feststellen, dass schon diese bewusste Wahrnehmung die Alltagsroutinen angenehmer machen kann. Handgefertigte Dinge, bei deren Gestaltung die Funktion im Vordergrund stand, strahlen oft eine anrührende Ehrlichkeit aus. Außerdem muss man sie nicht verstecken, wenn sie gerade nicht benutzt werden. Eine alte Gießkanne oder ein verzinktes Kehrblech mit hölzernem Handfeger wirken längst nicht so aufdringlich wie ihre modernen Verwandten aus buntem Plastik. Oft kosten solche Dinge nicht einmal mehr als ihre Pendants aus der Massenproduktion. Sehen Sie die Gegenstände, die Sie laufend benutzen, einmal kritisch an: Küchenutensilien, Töpfe und Pfannen, Kleiderbügel, selbst Besen und Schrubber. Was spricht dagegen, sie gegen Modelle auszutauschen, die dem Auge und der Hand schmeicheln?

Oben Die stille Rhythmik der leeren Kleiderbügel wirkt so entspannend wie eine kurze Pause. **Rechts** Es wäre schade, so schöne Zeichenutensilien und -materialien in einer Schublade zu verstecken.

Erinnern Sie sich an die Schulzeit, als die Hausaufgabe lautete, Fundstücke aus der Natur mitzubringen? Knüpfen Sie an diese Idee an, um die Räume ihrer Wohnung mit Leben und Energie zu füllen. Ein Kaminsims bildet den natürlichen Blickfang eines Zimmers und bietet sich als Präsentationsfläche für eine Ausstellung an, die so

Eine Wohnung ist kein statisches Objekt

wechselhaft wie das Wetter sein darf. Mal sind es Tannenzapfen in verschiedenen Größen, die sich in der warmen Wohnung allmählich öffnen, ein andermal nach Farben sortierte Kieselsteine vom Strand oder ein Krug mit blühender Wiesenkerbel vom Feldrand.

Dekoration kann optische Poesie sein.

Oben, von links nach rechts Die angeklebte Skizze kann jederzeit ausgetauscht werden. Die Texturen von Stroh schaffen Sommerstimmung. Sand und Steine aus den Ferien, in Schraubgläsern sortiert und beschriftet – das sind eingefangene Erinnerungsmomente.

Unten, von links nach rechts Steine vom Strand mit Herzen aus Blattgold. Ein einzelner Apfel, beim Sonntagsspaziergang in einem Obstgarten stibitzt, kann so schön wie ein Gemälde sein. Zweige, am gleichen Tag geschnitten, dienen als natürliche Skulptur, die man eine Weile genießt und dann wieder austauscht.

Gegenüber Ein Wolkenmotiv auf Leinwand, ungerahmt an die Wand gesteckt, bildet den Hintergrund für saisonale Dekorationen auf dem Kaminsims.

Le Corbusier
A History of ENGLISH ARCHITECTURE
VERNACULAR ARCHITECTURE
PALLADIO AND PALLADIANISM

Material
Schrank aus Holz
Schleifpapier
Lappen (Baumwolle)
3 Dosen Dispersionsfarbe in Cremeweißtönen verschiedenen Helligkeitsgrades
3 große Plastikeimer
Leiste zum Rühren
Wasser
Pinsel, 9 cm breit
Borstenpinsel, 1 cm breit
Bleistift
Acryl-Klarlack
Lackpinsel

Bemalter Schrank

Beim Trödler kann man häufig alte Möbel für wenig Geld finden. Achten Sie auf Stücke mit ausgewogenen Proportionen und klarer Lilienführung. Auch andere Dinge lassen sich mit dieser einfachen Maltechnik leicht aufpeppen. Mit wasserlöslicher Farbe ist die Malerei ganz unkompliziert und kommt ohne Chemikalien aus. Eine große, glatte Fläche bietet sich zum Aufmalen Ihres Lieblingsmotives an. Hier habe ich eine Taube gewählt.

1 Den gesamten Schrank zuerst leicht anschleifen und mit einem feuchten Tuch entstauben. Dann eine Schicht Farbe im mittleren Cremeton auftragen. Nach dem Trocknen werden dünnere Farbschichten aufgetragen. Den dunkelsten Ton verdünnen (3 Teile Farbe, 1 Teil Wasser) und in der Richtung der Holzmaserung auf die Füllungen des Schrankes streichen. Den hellsten Farbton ebenso verdünnen und auf die übrigen Flächen streichen. Trocknen lassen.

2 Den mittleren Farbton verdünnen und den gesamten Schrank damit streichen. Diesen schichtweisen Anstrich noch dreimal wiederholen, dabei jede Schicht gut trocknen lassen. Den Abschluss bilden die separat gestrichenen Bereiche im hellen und dunklen Ton. Nach dem Trocknen die Farbe in Maserungsrichtung leicht schleifen. Dabei werden stellenweise tiefer liegende Farbschichten freigelegt und es entstehen subtile Abstufungen. Sie können jetzt noch weitere Schichten auftragen oder einen Endanstrich mit stark verdünnter Farbe (1 Teil Farbe, 1 Teil Wasser) aufstreichen.

3 Vergrößern Sie das Motiv auf die gewünschte Größe und zeichnen Sie es mit Bleistift auf der Schranktür vor.

4 Malen Sie den Körper mit der hellsten Farbe aus. Die Farbe mit dem Borstenpinsel in kurzen Strichen auftragen und den Pinsel jeweils mit einer Drehbewegung abheben, um die Federn anzudeuten. Am Schwanz in Richtung der Federn lange Striche führen. An den Flügeln zuerst die langen Schwungfedern malen, dann die kürzeren. Wenn die Farbe antrocknet und etwas pulverig wird, gelingt der dreidimensionale Effekt am besten.

5 Zum Schluss den gesamten Schrank mit zwei Schichten Acryl-Klarlack streichen, um die Malerei zu versiegeln.

Blüten im Jahreslauf

Blüten und Laub bringen Leben in die Wohnung. Früher habe ich viel Geld für Schnittblumen ausgegeben, doch inzwischen habe ich gelernt, mit etwas Fantasie schöne Arrangements aus dem zu gestalten, was mein kleiner Garten hergibt. Anstelle von exotischer Importware verwende ich lieber einheimische Blüten und Blätter, die ein Gefühl von Bodenständigkeit vermitteln und dabei helfen, sich den Rhythmus des Jahres bewusst zu machen. Im Frühling werde ich zur Zimmergärtnerin und treibe verschiedene Zwiebelblumen an. Ein Topf mit Narzissen verbreitet Frühlingsstimmung, wenn das Wetter noch unfreundlich ist. Kleine Sträußchen können bei geschickter Platzierung viel mehr Wirkung haben als große Bouquets. Denken Sie an Plätze, die Sie im Lauf des Tages regelmäßig benutzen, etwa das Waschbecken. Hier schenkt ein kleiner Blumenstrauß gleich nach dem Aufwachen und noch einmal vor dem Schlafengehen Freude.

Blumenarrangements sind nicht gleichbedeutend mit überquellenden Vasen. Oft reicht eine kleine Geste, um daran zu erinnern, was draußen vor sich geht. Einzelne Blüten machen sogar in Milchflaschen eine gute Figur, für größere Sträuße könnte man Vorratsbehälter aus der Küche verwenden. Und haben Sie keine Scheu, so bescheidene Gefäße auf einen elegant gedeckten Esstisch zu stellen – gerade mutige Mischungen sorgen oft für die besten Effekte.

Material
frische Blüten
für den Rahmen
Löschpapier
1 Stück Bilderrahmenglas,
nach Maß zugeschnitten
1 Stück Spiegelglas,
nach Maß zugeschnitten
doppelseitiges Klebeband
stabiles Leinenklebeband
Band zum Aufhängen

1 Zuerst einzelne Blüten zwischen zwei Blätter Löschpapier legen, dies in ein dickes Buch schieben und weitere schwere Bücher darauf stapeln. Mindestens 3 Wochen pressen und komplett trocknen lassen.

2 Beim Glaser je ein Stück Bilderrahmenglas und Spiegelglas auf das gewünschte Maß schneiden lassen. Mittig 3,5 cm von oberen Rand entfernt und mit 5 cm Abstand zwei Löcher bohren lassen.

3 Kleine Stücke aus doppelseitigem Klebeband schneiden und je eins auf die Rückseite der Blüten kleben. Den Spiegel flach hinlegen und die Blüten gleichmäßig verteilt am Rand aufkleben.

Blumenspiegel

Weil der regelmäßige Blick in den Spiegel zur täglichen Routine gehört, bieten sie sich für kleine Dekorationen förmlich an. Legen Sie einmal gepresste, einzelne Hortensienblüten zwischen Glasscheiben. Mit ihrer zarten Schönheit bewahren sie die Stimmung des Sommers das ganze Jahr hindurch und das langsame Verblassen der Farben steigert ihren Reiz noch. Ein Rahmen ohne Rückwand (gegenüber), in den zwei Glasscheiben eingelegt werden, kann zum saisonalen Wechselrahmen werden, in dem immer wieder neue Blüten und Blätter präsentiert werden – von den zarten Wedeln immergrüner Farne im Winter über orange leuchtenden Kapuzinerkresse im Sommer, interessante Ahornblätter im Herbst oder bescheidene Veilchen im Frühling.

4 Vorsichtig das Bilderrahmenglas auf den beklebten Spiegel legen. Schräg über die Ecken je ein Stück Leinenklebeband kleben, um das Bilderrahmenglas zu fixieren.

5 Zum Aufhängen des Spiegels ein Band durch die Löcher ziehen und zur Schleife binden.

Stoff für Ideen

ICH HABE EINE SCHWÄCHE FÜR STOFFE. DURCH DAS AUSTAUSCHEN VON TEXTILIEN LÄSST SICH EIN RAUM IM HANDUMDREHEN VERWANDELN. BETTEN, SESSEL, TISCHE UND SOFAS KÖNNEN UND SOLLTEN IM WINTER UND IM SOMMER UNTERSCHIEDLICH AUSSEHEN. INDEM MAN LOSE HUSSEN, VORHÄNGE, TISCHDECKEN, BETTWÄSCHE UND KISSENBEZÜGE WECHSELT ODER EINFACH EIN STÜCK STOFF ÜBER EINEN BEISTELLTISCH WIRFT, KANN MAN DIE ATMOSPHÄRE EINES RAUMES IM NU VERÄNDERN. Stellen Sie eine Garderobe für Ihre Wohnung zusammen. Schon ein paar selten benutzte Stühle mit wechselnden Hussen können genügen, um saisonale Akzente zu setzen. Vielleicht möchten Sie auch das Sofa mit einer Paisley-Decke und einem Satz neuer Kissenbezüge ausstatten. Ich besitze eine Reihe von Decken und Überwürfen, die ich speziell für diesen Zweck verwende. Leichte Überwürfe sind ungemein praktisch, weil man sie auch als Tischtuch, Tagesdecke auf dem Bett und sogar als improvisierten Vorhang benutzen kann. Ohne viel Geld auszugeben oder sich langfristig festzulegen, kann man mit ihnen in Sekundenschnelle Akzente setzen oder einen Raum durch Muster beleben. Bauen Sie sich für jede Jahreszeit ein Nest. Im Winter kuscheln Sie sich mit einer Webpelzdecke und einem Becher heißem Kakao vor dem Kamin ein, im Sommer sorgt eine Hängematte mit einigen Kissen in altmodischen Blumenbezügen für Behaglichkeit. Das Schöne an Stoffen ist, dass man so leicht mit ihnen variieren kann. Seien Sie ruhig mutig mit Mustern und Farben, denn man kann sie jederzeit an einen anderen Platz bringen oder, je nach Wetterlage, die Anzahl der Schichten verändern.

Hemdenmuster

Beschränken Sie sich bei der Suche nach Stoffen für die Wohnung nicht allein auf Dekostoffe. Konfektionsstoffe sind oft preiswerter und können der Raumgestaltung eine sehr originelle Note geben. Hier diente ein Oberhemd mit klassischen Streifen als Inspiration für eine Reihe von Dekorationsideen. Die Muster geben dem Raum die gleiche frische, saubere Note wie dem Hemdenträger.

Kaufen Sie einige Meter Streifenstoffe in aufeinander abgestimmten Farbtönen und vergnügen Sie sich damit, Kissenbezüge, Wäschebeutel und sogar Bettwäsche zu nähen. Stoffreste kann man wunderbar für Quilts verwenden, und mit modernen, elektrischen Nähmaschinen ist das längst keine mühsame und Zeit raubende Arbeit mehr. Kleinigkeiten wie Knöpfe und Litzen findet man auf jedem größeren Trödelmarkt.

Auch Kleidung aus dem Second-Hand-Laden kann viele Anregungen liefern. Männernachthemden aus dem frühen 20. Jahrhundert haben oft wunderschöne, sanfte Streifen. Und auf Dirndlkleidern aus dem 1950-er Jahren sieht man oft dekorative, manchmal witzig-kitschige Druckmuster, die vor allem auf glatten Objekten wie Kissenhüllen oder Rollos gut zur Geltung kommen. Verwaschenen Köper und Drell kann man in Stücke schneiden und zu einer kleinen Patchworkdecke für einen Fußhocker verarbeiten – der Stoff ist noch stabil genug, um intensive Benutzung zu verkraften.

Stöbern Sie im Kleiderschrank nach Stücken, die Sie nicht mehr tragen. Haben Sie Kleidung aufbewahrt, weil Ihnen das Muster so gut gefällt, obwohl der Schnitt unmodern geworden ist oder das Stück nicht mehr passt? Fast jeder hat in seinem Kleiderschrank Schätze, die nur auf ein neues Leben warten.

Rechts Das sommerliche Hemd lieferte die Anregung für viele Dekorationsideen im Schlafzimmer – von der Patchworkdecke an der Wand bis zu den karierten Kissenhüllen. Der Bettbezug besteht aus mehreren verschiedenen Streifenstoffen und wird mit Schleifen geschlossen.
Ganz rechts Zugbeutel für Wäsche und andere Kleinigkeiten aus Hemdenstreifen mit Aufhängeschlaufen aus kontrastfarbigem Leinenband.

Herbstliche Decke

Patchwork ist eine wunderbare Verwertungsmöglichkeit für kleine Stoffreste. Schon unsere Großmütter schätzten die Technik, und das aus gutem Grund. Diese gemütliche Kamindecke aus vielen Tweed-Flicken hat eine Einfassung aus edlem Samt und eine Rückseite aus weichem Lambswool. Sie ist robust genug, um auf den Fußboden gelegt zu werden, und dennoch einladend weich.

Material
Reste von Tweed und Wollstoff
Baumwollsamt für die Einfassung
Lambswoolstoff
Nähgarn

1 Zuerst aus dem Tweed Quadrate schneiden. Ideal ist eine Kantenlänge von 10 cm. Jeweils 10 Quadrate zu einem langen Streifen zusammennähen. 12 weitere Streifen nähen. Die fertigen 13 Streifen an den Längsseiten zusammennähen. Alle Nahtzugaben auseinander bügeln.

2 Für die Einfassung aus dem Samt vier Streifen von 20 cm Breite schneiden. Zwei Streifen müssen 8 cm länger als die Schmalseiten der Decke sein, die beiden anderen 8 cm länger als die Breitseiten. Je ein langes und ein kurzes Stück rechts auf rechts zusammennähen. Die Ecken einschlagen, sodass eine Spitze entsteht, und die Bruchlinie absteppen. Den überschüssigen Stoff abschneiden und die Nahtzugabe auseinander bügeln. Die übrigen drei Ecken ebenso verarbeiten.

3 Die Einfassung rechts auf rechts an die Kante der Tweed-Decke stecken, heften und rundherum annähen.

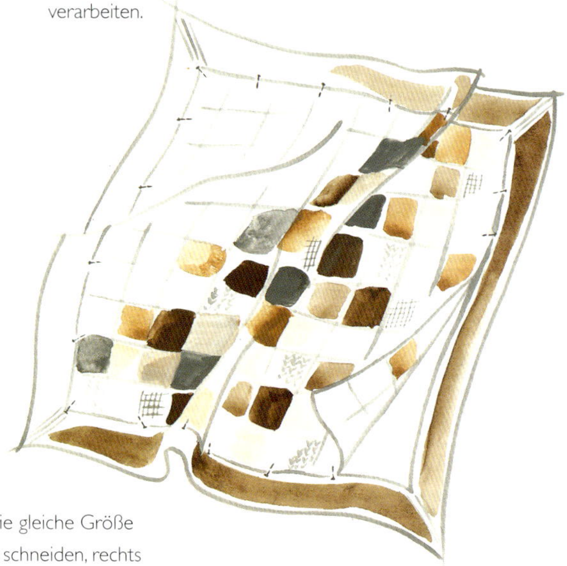

4 Den Wollstoff auf die gleiche Größe wie die Tweed-Decke schneiden, rechts auf rechts auf den Tweed legen und an die Ränder der Einfassung stecken. Die Rückseite annähen, dabei an einer Seite ein Stück Naht offen lassen. Die Decke wenden und die Öffnung von Hand zunähen. Die Rückseite an allen vier Ecken mit einigen Handstichen am Rand der Einfassung fixieren.

Alltagsstoffe

Sie müssen kein Vermögen für Dekostoffe aus dem Fachhandel ausgeben, um Ihre Wohnung zu dekorieren. In jedem Haushalt findet man Materialien, die eine Menge Anregungen liefern. Ich habe eine ganz besondere Schwäche für gewöhnliche Geschirrhandtücher. Die klaren, frischen Streifen und Karos versetzen mich rund ums Jahr in Frühlingsstimmung. Sammeln Sie verschiedene Geschirrtücher und nähen Sie sie zusammen – vielleicht zu Vorhängen, einer Patchworkdecke für den Tisch oder Kissenbezügen. Oder hängen Sie sie einfach an die Wand. Neue Geschirrtücher sehen frisch und lebhaft aus, alte Exemplare dagegen haben einen verblichenen Charme. Durchstöbern Sie Flohmarktstände – besonders schön sind alte Leinengeschirrtücher aus Frankreich.

Ganz links Schnell und einfach gemacht: robuste Geschirrtücher als Bespannung der Sitzpolster einfacher Holzstühle. **Links** Frische Kissenbezüge aus einem Sortiment alter und neuer Geschirrtücher. **Oben** Ein weich gefälteltes Rollo aus blau-weiß karierten Geschirrtüchern sieht zu jeder Jahreszeit nach Frühling aus. **Oben rechts** Ordnung muss sein: in einer Reihe aufgehängt sind die verschiedenen Tücher ebenso praktisch wie dekorativ. **Rechts** Eine Caféhausgardine aus einer halbierten, alten Küchentischdecke.

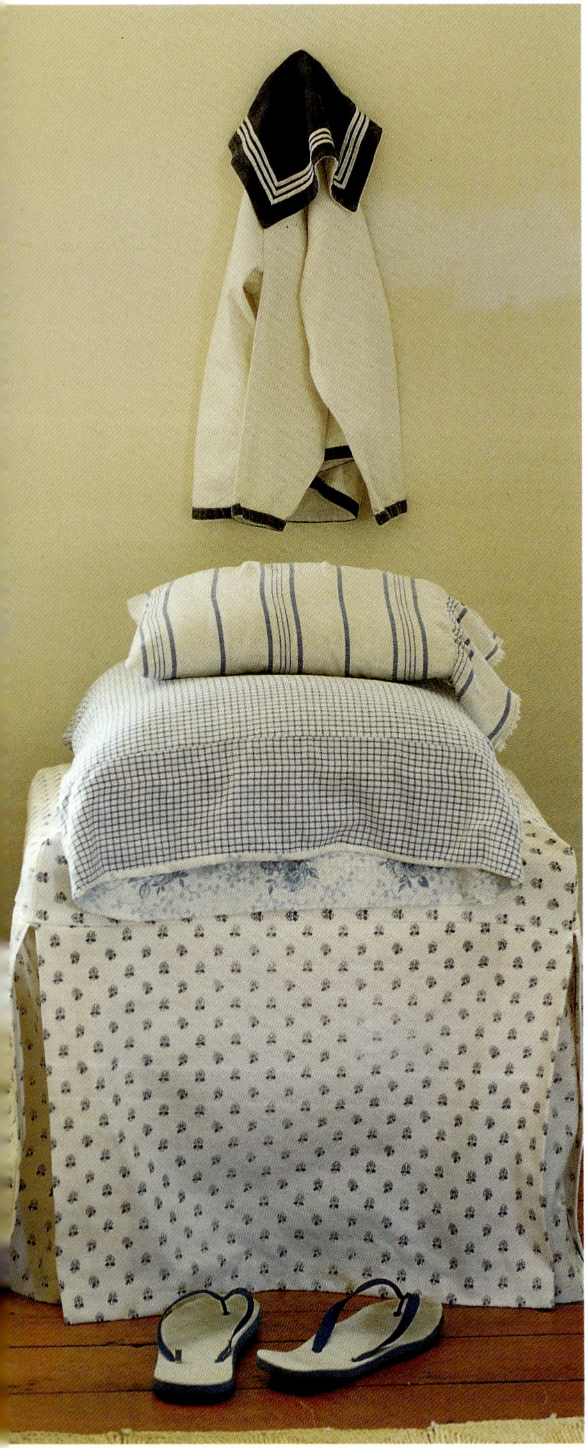

Matrosenkissen

Material

1 Matrosenbluse, Erwachsenengröße (Flohmarkt oder Trödler)
Nähgarn

Ich mag Kleidung vom Flohmarkt und hänge sie manchmal einfach zur Dekoration auf. Beschädigte Kleidungsstücke sind oft besonders billig zu haben. Greifen Sie zu, denn mit geschicktem Zuschnitt kann man die unversehrten Teile retten und zu etwas Neuem verarbeiten.

1 Schneiden Sie aus der Matrosenbluse drei Stücke zu: einen langen Streifen vom Kragen, ein rechteckiges Stück aus dem Rücken und ein längeres Rechteck aus dem Vorderteil (siehe Skizze). Die Stücke aus dem Rumpfteil 2,5 cm breiter als den Kragenstreifen zuschneiden, um eine Nahtzugabe zu erhalten. Das Emblem vom Ärmel, die Brusttasche und die Schleife unter dem Kragen abtrennen und aufbewahren.

2 Am kleineren Rechteck eine Schmalseite doppelt umschlagen und feststecken. Den Kragenstreifen darunter schieben, heften und so feststeppen, dass die umgeschlagene Stoffkante nach außen zeigt.

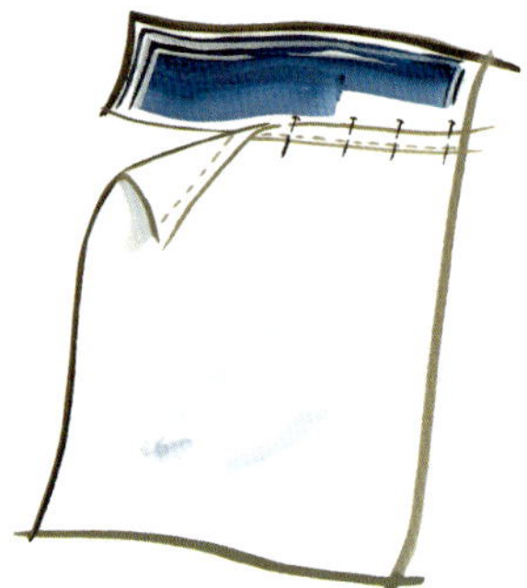

3 Das Ärmelemblem auf die Tasche nähen, dann die Tasche auf die Mitte des Vorderteils steppen. In den Kragenstreifen zwei Knopflöcher im Abstand von 1 cm und in der Breite des Schleifenbandes arbeiten.

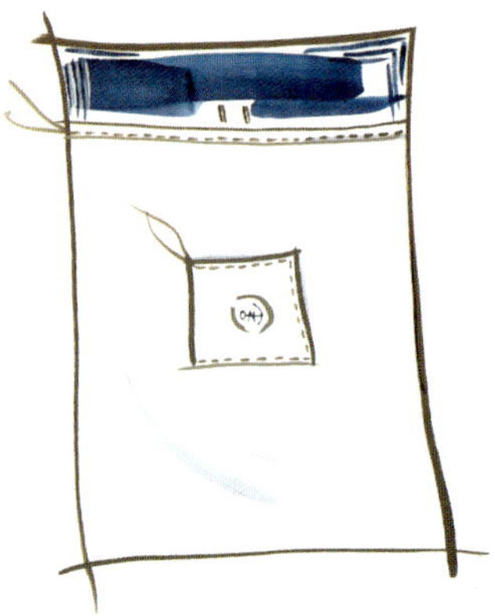

4 Jetzt Vorder- und Rückteil rechts auf rechts an drei Seiten bis an den Kragenstreifen zusammennähen. Den Bezug wenden und die Schmalseiten des Kragenstreifens aufsteppen.

5 Die Mitte des Schleifenbandes innen an der Kissenrückseite mit einigen Stichen fixieren. Das Kissen einschieben, die Bandenden durch die Knopflöcher stecken und zur Schleife binden.

Lampenschirm mit Knöpfen

Warum nicht etwas fertig kaufen und individuell verändern? Als ich Lampenschirme für meine Wohnung suchte, war ich frustriert – vor allem angesichts der exorbitanten Preise. Schließlich ging ich ins Kaufhaus und erstand die einfachsten, schlichtesten Lampenschirme, die zu finden waren. Dann setzte ich mich eine Stunde in die Sonne und machte mit Litzen und Knöpfen vom Flohmarkt etwas Besonderes daraus. Übrigens: Wer kein Vermögen für seine Lampenschirme ausgibt, hat auch keine Hemmungen, sie einmal öfter auszuwechseln.

Material
Lampenschirm
Band oder Litze
ca. 10 Perlmuttknöpfe
Alleskleber
doppelseitiges, transparentes Klebeband

1 Um die Länge der Litze zu ermitteln, legen Sie sie um oberen und unteren Rand des Lampenschirms und geben jeweils 1 cm Überlappung zu. Das Band flach auf den Tisch legen und gleichmäßig mit Alleskleber bestreichen. Sorgfältig aufkleben, dabei die Enden leicht überlappen lassen und die Schnittkanten einschlagen.

2 Auf die Rückseite der Knöpfe kleine Stücke Klebeband drücken und diese zuerst provisorisch auf den Lampenschirm halten. Wenn Ihnen die Anordnung gefällt, die Positionen der Knöpfe mit Bleistift anzeichnen. Das Trägerpapier vom Klebeband abziehen und die Knöpfe aufkleben.

Betrachten Sie Kissenbezüge als Accessoires und wechseln Sie sie ganz nach Laune und gewünschter Atmosphäre. Verarbeiten Sie Stoffreste oder versuchen Sie, Restrollen von Designerstoffen zu ergattern. Als schnelle Dekorationen eignen sich Stirnbänder oder Schals, die im Nu über ein Kissen gezogen werden können. Ich habe einen Weidensessel, den ich meinen Jahreszeitensessel nenne. Alle paar Wochen bedecke ich das Sitzpolster mit einem anderen Stoff, den ich einfach unter die Polsterränder schiebe, und wechsele die Bezüge der losen Kissen aus. Wann immer ich ins Wohnzimmer komme, fällt mir der Sessel als freundliche Begrüßung ins Auge.

Dekorative Kissen

Blüten-Tischdecke

Selbst den hässlichsten Tisch kann man mit einer schönen Decke aufwerten. Hier macht die alte Werkbank meines Mannes als Beistelltisch eine gute Figur. Ich investiere nicht gern viel Zeit in solche Projekte, darum habe ich die Motive kurzerhand mit dem Zickzackstich der Nähmaschine appliziert.

Material

mittelschwere Malerleinwand (Künstlerbedarf)
weißes Leinen ähnlicher Stärke
Bleistift
Nähgarn
Knöpfe (ich habe antike verwendet)

1 Zuerst die Malerleinwand waschen, damit sie einläuft, und trocknen lassen. Dass sie dabei knitterig wird, gibt ihr nur noch mehr Charakter. Den Tisch, der bedeckt werden soll, genau ausmessen. Je ein Stück passend für die Platte und die Rückseite zuschneiden, dabei ringsum 2,5 cm Nahtzugabe addieren. Vorder- und Seitenteile sollten im Idealfall aus einem einzigen Stoffstreifen bestehen. Zur Gesamtlänge und Nahtzugabe geben Sie noch 20 cm für jede der beiden Falten an den vorderen Ecken zu. Wenn Sie mehrere Stücke zusammensetzen müssen, achten sie darauf, dass die Nähte in den Falten liegen und dadurch unsichtbar sind.

2 Das Leinen vorwaschen. Die Unterkante der Leinwandstreifens für Vorder- und Seitenteile ausmessen und ein Stück Leinen in gleicher Länge mit 30 cm Breite zuschneiden. Auch hier sollten Quernähte, die beim Zusammensetzen entstehen, in die Falten gelegt werden. Für die Zackenkante zuerst in gleichmäßigen Abständen Punkte für die oberen Spitzen anzeichnen, dann 10 cm tiefer jeweils mittig dazwischen Punkte für die unteren Spitzen. Von Punkt zu Punkt die Zackenkante ausschneiden.

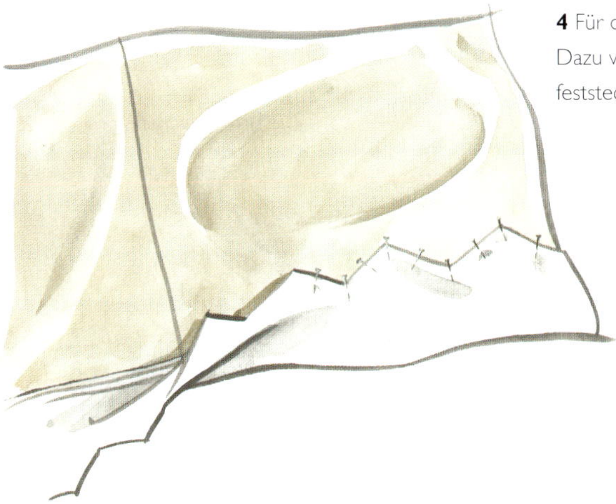

3 Die rechte Seite der Bordüre auf die linke Seite der Leinwand legen, Oberkante und Seitenkanten zusammensteppen. Dann den Leinenstreifen umschlagen, sodass die Nahtzugaben eingeschlossen werden. Die Zackenkante mit einem sehr engen Zickzackstich auf die Leinwand steppen, anschließend bügeln.

4 Für die Ecken Kellerfalten von 10 cm Breite legen. Dazu wird jede Seite 5 cm breit eingeklappt. Die Falten feststecken und kontrollieren, ob sie exakt an den

Ecken der Tischplatte liegen. Eventuell die Position der Falten korrigieren. Die Falten einbügeln und an der Oberkante 1 cm breit feststeppen.

5 Aus dem weißen Leinen Blütenblätter schneiden, auf das Vorderteil stecken und mit engem Zickzackstich applizieren. In der Mitte jeder Blüte einen Knopf aufnähen. Die untere Längskante des Stoffteils für die Rückseite umsteppen, dann die Teile so zusammensteppen, wie in Schritt 1 gezeigt. Alle Nähte auseinanderbügeln, die Nahtzugaben an den Ecken einschneiden und die Tischdecke wenden.

Material
dünnes Leinen
gestreiftes Leinen für die Bänder (z.B. von alten Hemden)
Nähgarn
1 Knopf
2 Nägel mit kleinen Köpfen
Schrägstreifen

Sommergardine

Frische, weiße Caféhausgardinen schützen vor neugierigen Blicken, lassen aber Licht ein und versperren nicht die Aussicht. Hier sehen Sie, wie effektvoll ganz einfache Lösungen sein können. Machen Sie sich das Nähen leicht. Wenn der Stoff eine attraktive Webekante hat, nutzen Sie sie als dekoratives Detail und sparen Sie das Säumen.

1 Zuerst das Fenster ausmessen und das Maß auf den Stoff übertragen. Rundum 2,5 cm für die Säume zugeben. Den Stoff zuschneiden und alle 4 Seiten doppelt einschlagen und säumen.

2 Für die Bänder zwei Stücke Baumwollstoff von 40 cm Länge und 2,5 cm Breite zuschneiden. Rundum 1 cm breit umbügeln, dann längs zur Hälfte bügeln und an den drei offenen Seiten absteppen.

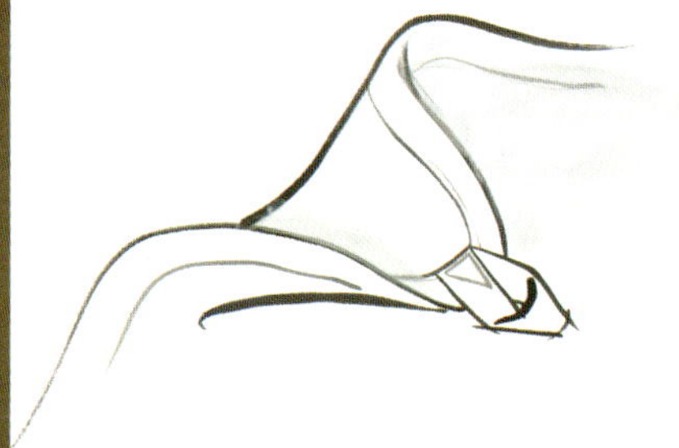

3 Die Bänder schräg an die oberen Ecken des Vorhanges steppen.

4 Aus dem Schrägband eine Schlaufe legen und diese an die Rückseite der linken unteren Ecke des Vorhanges nähen.

5 3,5 cm unterhalb des rechten Bandes einen Knopf annähen. An beiden Seiten des Fensters Nägel zum Aufhängen in den Rahmen schlagen und die Bänder anknoten. Dann die linke untere Vorhangecke umschlagen und die Schlaufe über den Knopf ziehen.

Von Raum zu Raum

Entspannen

WENN MAN EIN HAUS BETRITT, SIEHT MAN MEIST ZUERST DAS WOHNZIMMER. ES IST DER RAUM, DER SIE ZU HAUSE WILLKOMMEN HEIßT. WEIL DAS WOHNZIMMER ABER NICHT NUR PRIVATBEREICH IST, SONDERN DORT AUCH FREUNDE UND BESUCHER EMPFANGEN WERDEN, NEIGEN VIELE MENSCHEN DAZU, ES RECHT FORMAL ZU GESTALTEN. PERSÖNLICHE DETAILS BLEIBEN OFT AUF ANDERE RÄUME BESCHRÄNKT, ETWA DIE SCHLAFZIMMER. Dadurch kann die Begrüßung aber etwas steif ausfallen. Ein Haus sollte etwas über seine Besitzer verraten und Gäste zum Nähertreten auffordern. Ein einladendes, bewohnt wirkendes Zimmer ist für Sie selbst und Ihre Gäste eine warme Begrüßung, denn es sorgt dafür, dass jeder, der durch die Tür tritt, sich heimisch fühlt. Versuchen Sie, die Grenze zwischen Privatbereich und Öffentlichkeit aufzuweichen und formale Elemente mit ganz persönlichen zu kombinieren, um dem Haus Charakter zu geben. Einfache Ideen können sehr effektvoll sein, und Räume, die sich mit dem Lauf des Kalenders verändern, sprechen nicht nur den Korper an, sondern vor allem die Seele. Ich habe kürzlich eine Entdeckung gemacht. Von allen Räumen im Haus fühlte ich mich in meinem Arbeitszimmer unter dem Dach am wohlsten. Überall waren Fotos und Skizzen lässig an die Wände gepinnt, dazwischen fanden sich Objekte, die eine persönliche Bedeutung hatten oder mich inspirierten. Verglichen damit war mein Wohnzimmer viel aufgeräumter. Dort wohnte ich eigentlich gar nicht – es war für besondere Anlässe reserviert. Und wenn Gäste kamen, konnten sie dort nichts über mich erfahren. Dann überlegte ich, dass dieser Raum doch ebenso Ausdruck meiner Person sein könnte wie mein Arbeitszimmer. Warum soll ein Wohnzimmer nicht so lebendig sein wie die »gewollt« kreative Umgebung? Schließlich ist ein Wohnzimmer kein Schonzimmer.

Mit dem Wechsel der Jahreszeiten verändert sich die Stimmung von Räumen. Ich glaube, dass der erste Anblick beim Betreten eines Raumes besondere Bedeutung hat, und daraus folgt, dass jeder Raum einen Blickfang haben sollte. Wer einen großen Kamin hat, braucht sich um das winterliche Zentrum des Raums keine Sorgen zu machen. Selbst wenn er nicht funktioniert, kann man mehrere Kerzen darin aufstellen und die Illusion eines Feuers erzeugen. Im Sommer spielt das Tageslicht eine wichtige Rolle, dann verlangen die Fenster Aufmerksamkeit. Tauschen Sie die schweren Wintervorhänge gegen leichte, transparente Stoffe und rücken Sie die Möbel so, dass Sie jederzeit bequem die Vorhänge öffnen und schließen und das Sonnenlicht hereinfluten lassen können.

Eine behagliche Stadtwohnung im Wechsel der Jahreszeiten **Links** Der große Raum wird durch Vorhänge unterteilt. Im Winter sind sie dunkelbraun, im Sommer duftig und weiß. Ein Paravent konzentriert die Aufmerksamkeit auf den Esstisch – ideal für winterliche Menüs mit Gästen. **Rechts** Lange Quittenzweige bilden einen Blickfang, der den Frühlingsanfang feiert. **Ganz rechts, von oben nach unten** Ein Patchwork aus alten Geschirrhandtücher dient hier als erfrischend andere Tischdecke. Das Kaminsims bildet den Blickfang im hinteren Bereich und dient als Präsentationsfläche für allerlei Kleinigkeiten. Im Sommer wird eine Stoffbahn in den Kamin gespannt. So gähnt hier während der helleren Jahreszeit keine dunkle Öffnung.

Oben Betrachten Sie Kissenhüllen als Wohnaccessoires. Sie bieten sich für verwegene Experimente an, weil man sie schnell austauschen kann. Leopardenplüsch setzt auf diesem Sessel im Winter einen dramatischen Akzent. **Unten** Geschirr muss nicht zu einem einheitlichen Service gehören. Gerade die Mischung verschiedener Gläser und Kerzen wirkt hier sehr persönlich. Elegante, weiße Rosen passen perfekt dazu.

Dieser romantische Alkoven ist eine gute Alternative zur konventionellen Sitzmöbelkombination aus Standardsofa und zwei Sesseln. Sie brauchen dafür nicht mehr als schöne Vorhänge, die an einer Stange knapp unter der Decke aufgehängt werden. Eine simple Matratze, die auf einem Sperrholzpodest liegt, wird mit Stoff bedeckt. Fertig ist die Basis für endlose Variationen mit Materialien und Texturen. **Links** Im Winter dürfen sich auch die Räume warm anziehen. Flaschengrüner Samt für üppige Vorhänge und Bezüge für Matratze und Kissen wirkt ausgesprochen glamourös. Der Spiegel reflektiert Licht und lässt den Alkoven freundlicher wirken. **Rechts** Im Frühling herrscht eine sanftere Stimmung. Die Vorhänge haben ein zartes Himmelblau, die Liegefläche ist mit mehreren Schichten weißer Bettwäsche bedeckt. Der Tisch mit Schmiedeeisenfuß verbringt den Sommer in einem anderen Raum, an seiner Stelle wurde jetzt ein leichter Gartenklapptisch aufgestellt. **Unten** Blumen sind in jedem Blütestadium schön. Auch die abgefallenen Blütenblätter tragen zum Charme dieser voll erblühten Päonien bei.

Veränderung ist die einzige Konstante. Hören Sie auf Ihre Sinne, folgen Sie Ihren Instinkten. Wenn es draußen kalt und regnerisch ist, möchten wir uns instinktiv drinnen verkriechen und ein warmes Nest bauen. Und ist es sonnig und warm, zieht es uns ins Freie, wir möchten die Fenster aufreißen und Luft und Sonne einlassen. Holen Sie sich Symbole der Jahreszeiten für vorübergehende Dekorationen in die Wohnung. Gehen Sie einen Schritt weiter und beobachten Sie Ihre emotionalen Reaktionen auf die Jahreszeiten, auf Ihre Stimmungen angesichts des Lichts, des Wetters und der Farben jeder Saison. Und gehen sie dann durch Veränderungen Ihrer räumlichen Umgebung auf Ihre Emotionen ein.

Wahrscheinlich fühlen Sie sich heute anders als voriges Jahr oder letzte Woche. Passen Sie also die Räume ihren Stimmungen an.

Ein großer, vorwiegend in Weiß gehaltener Raum wirkt im Licht- und Schattenspiel eines Winterabends behaglich.

Oben links Exotische Stimmung schaffen türkische und afghanische Decken, die über das weiße Sofa drapiert sind. Samtig dunkelrote Rosen, schimmernde Kerzenflammen und Räucherstäbchen sind stimmige Accessoires.

Oben Mitte Ein Berg von Kissen vor dem brennenden Kamin lädt zum gemütlichen Einkuscheln ein.

Oben Ein Stapel gestrickter Decken und Pullover aus verschiedenen Ländern liegt griffbereit – aus ästhetischen wie aus praktischen Gründen.

Sorgen Sie für Bewegung und Abwechslung, indem Sie den Dingen Platz einräumen, die Ihre momentanen Interessen spiegeln. Eine Reihe von Postkarten, einfach an ein Gemälde auf dem Kaminsims gelehnt, kann laufend verändert werden. Das Bild wird an seinem Platz bleiben, doch mit immer neuen Begleitern wirkt es nie statisch. Freunde werden bei jedem Besuch die kleinen Veränderungen wahrnehmen und zu schätzen wissen. Sammeln Sie Dinge, die Erinnerungen an wichtige Orte und Personen Ihres Lebens verkörpern oder benutzen Sie Gegenstände einmal in einem fremden Kontext. Eine Reihe von Emaillebechern aus der Küche kann als vorübergehende Dekoration eines Beistelltisches im Wohnzimmer sehr originell aussehen. Trauen Sie sich, Vorhandenes und Vertrautes einmal auf eine ganz neue Weise zu präsentieren.

Oben links Im Sommer wirkt der Raum reduziert und luftig. Licht flutet durch die unverhängten Fenster, sodass die große Gardenie prächtig gedeiht. Die Teppiche sind eingerollt, der Holzboden zeigt jetzt seinen schönen Honigton. Das Sofa trägt sein Sommergewand und steht mitten im Raum im besten Licht.
Oben Baumwolldecken mit langen Fransen und Überwürfe aus besticktem Leinen in verschiedenen Weiß- und Elfenbeintönen bilden die Sommergarderobe des Zimmers.

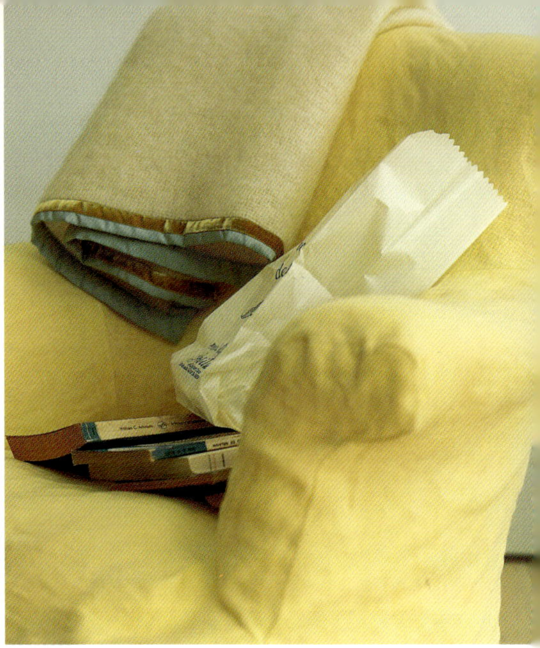

Indem Sie von den wichtigsten Möbelstücken ausgehen – in einem Wohnzimmer sind das meist die Sitzmöbel – und sich dann langsam zu den Details vorarbeiten, können Sie eine Raumgestaltung zusammenstellen, die als neutrale Basis fungiert. Beim Zufügen der saisonalen Akzente ist dann der Spieltrieb gefordert. Wichtig ist aber, zuerst eine Grundlage zu schaffen, die Platz für viele Möglichkeiten lässt.

Wohnzimmer sollen vor allem behaglich sein und dem individuellen Lebensstil entsprechen. Es lohnt sich, für bequeme Sitzmöbel etwas mehr Geld zu investieren oder sich Zeit zu nehmen, ausgiebig auf Second-Hand-Märkten zu stöbern, denn sie bilden das Skelett des

Oben links Licht, Farbe und Weiträumigkeit schaffen hier Frühlingsstimmung. Die Farbwahl lehnt sich an die Töne der ersten Knospen an. **Oben Mitte** Wenn sich die Stimmung ändert, bekommt der Sessel einfach eine andere Husse. Preiswerte Einkaufskörbe bieten sich zum Aufbewahren von allerlei Kleinigkeiten an. **Oben rechts** Eine simple Wolldecke wirkt mit einer Einfassung aus Samt- und Seidenbändern gleich viel persönlicher. **Unten links** Blumen nehmen auch sachlichen Räumen die Strenge. **Unten Mitte** Weiße Bodendielen und freie Wände reflektieren das Licht und betonen die Luftigkeit des Raums. Paperwhite-Narzissen reichen mit ihrem Duft und ihrer Farbe als dekorativer Blickfang völlig aus. **Unten rechts** Schlicht weiße Porzellanteller wirken auf dem gelb gestrichenen Küchentisch frisch und appetitlich. **Gegenüber** Glasvasen in verschiedenen Größen sind wie Skulpturen zu einem rhythmischen Arrangement auf dem Kaminsims aufgereiht.

„Wenn du zwei Laibe Brot hast,
tausche einen gegen eine Hyazinthe,
denn sie nährt deine Seele.“

Aus einem persischen Gedicht

Wohnzimmers und sollten mit viel Sorgfalt ausgewählt werden. Kaum etwas ist vielseitiger als ein großes Sofa und bequeme Sessel mit abnehmbaren, weißen Bezügen. Aber denken Sie auch an Ihren Lebensstil: vielleicht brauchen Sie so eine Kombination nicht. Möglicherweise fühlen Sie sich mit unkonventionellen Arrangements wie einer Sammlung verschiedener Sessel oder dicken Bodenkissen um einen niedrigen Tisch wohler. Ein Diwan oder ein Alkoven kann eine romantische Alternative zu einem Sofa sein und bei Bedarf auch als Gästebett dienen. Im Wechsel der Jahreszeiten bekommt er immer wieder ein neues Gewand. Die Kunst besteht darin, bei den teuren Stücken schlichte, klassische Modelle zu wählen, mit denen Sie viele Jahre leben können, die sich aber durch saisonale Details wie Decken und Kissen ständig variieren lassen. Die Pflege von Polstermöbeln sollte möglichst unkompliziert sein. Wählen Sie lose Bezüge aus vorgewaschenem Stoff, den man bei Bedarf kurzerhand in die Waschmaschine stecken kann. Wenn Sie in Ihrer Wohnung ganz entspannt sind, wird sich diese Stimmung auch auf andere übertragen.

Sind die Sitzmöbel ausgewählt, kommt der Tisch an die Reihe. Der klassische Couchtisch ist uns eine liebe Gewohnheit geworden, denn er bietet Platz für Gläser und Blumen und bildet einen Mittelpunkt, um den man sich versammelt. Probieren Sie etwas Neues und stellen Sie statt dessen einmal eine lange, niedrige Bank vor die Couch, auf der Platz

genug für Bücher und ein Tablett mit Teetassen ist. Die Bank muss stabil genug sein, um auch dann und wann ein Paar Füße zu verkraften. Überhaupt sollte nichts im Haus so wertvoll sein, dass man nicht wagen dürfte, die Schuhe auszuziehen und die Füße darauf zu legen. Beistelltische findet man oft auf Flohmärkten. Achten Sie vor allem auf die Form, denn ein frischer Anstrich ist schnell aufgetragen. Oder stapeln Sie einige dicke Kunstbildbände aufeinander und stellen Sie ein Tablett darauf – auch so lässt sich auf die Schnelle ein Beistelltisch zusammenbauen, um vielleicht ein Glas abzustellen. Gerade solche improvisierten Ideen geben der Einrichtung eine gewisse Flexibilität, weil man sie ohne Bedenken jederzeit verändern oder wegräumen kann.

Ganz links Dieses Ferienhaus vermittelt mit seiner verspielten Mischung von Mustern unmissverständliche Sommerstimmung.
Mitte links Selbst der wuchtige Ledersessel macht Urlaub: mit einem bunten Blumenkissen und einer alten Tischdecke auf dem Sitz, die sich unter sommerlich nackten Beinen angenehmer anfühlt als das Leder.
Mitte rechts Ein echter Hingucker sind die leuchtenden Hibiskusblüten, die in einer schlichten Emailleschüssel schwimmen.
Unten Lösen Sie die Grenzen zwischen Drinnen und Draußen auf, indem Sie die Fenster weit öffnen und Möbel und Kübelpflanzen von der Terrasse ins Haus holen.

Heute sollen Wohnräume oft mehrere Funktionen erfüllen. Mein Wohnzimmer wurde wesentlich freundlicher, nachdem ich akzeptiert hatte, dass eine Ecke als Büro genutzt werden musste.

Die Funktionen unserer Räume verändern sich saisonal, aber auch zwischen Tag und Abend. Achten Sie darum ganz bewusst darauf, dass die Auswahl der Möbel und die Nutzung der Räume so flexibel ist wie Ihr Lebensstil. Leichte Möbel können mit den Jahreszeiten wandern. Im Winter stellen Sie sie nahe am Feuer zusammen, im Sommer schaffen Sie luftige Weiträumigkeit. Klapptische und -stühle tragen viel zur Flexibilität bei. Stöbern Sie auf Flohmärkten einmal nach den wunderschönen alten Tischchen aus den 1930-er und 1940-er Jahren oder holen Sie bei Bedarf Klappstühle aus dem Garten ins Haus. Man kann sie leicht verrücken, wenn die Situation eine andere Aufteilung des Raumes erfordern. In einer offenen Wohnung ist auch ein Paravent oder beweglicher Sichtschirm praktisch, um intimere Bereiche abzugrenzen. Außerdem kann man hinter ihnen auch Unordnung schnell einmal verstecken.

Als Bodenbelag bevorzuge ich simple Dielen, seien sie farbig gestrichen, kalkig-blass lasiert oder transparent gebeizt, sodass die Maserung sichtbar bleibt. Sie sind ausgesprochen pflegeleicht, harmonieren mit fast jedem Einrichtungsstil und passen sich auch verschiedenen Witterungsbedingungen an. Große Teppiche geben ihnen im Winter mehr Wärme. Im Sommer kann man sie aufrollen oder auch einmal auf einen Tisch legen.

Subtile Veränderungen in Farbe und Textur markieren hier den Übergang der Jahreszeiten. Die weißen, leichten Sommerbezüge werden durch kräftigere Bezüge und Hussen aus dickem, ungebleichtem Leinen abgelöst.

Ganz links Weit geöffnete Fenster und ein Strauß hellgelber Tulpen wirken frisch und sonnig. **Links** Farben und Texturen sprechen vor allem die Sinne an. **Gegenüber** Während der Hintergrund unverändert bleibt, vollziehen die Details des Raums den Wechsel der Witterung auf subtile Weise mit. Auf den Sitzmöbeln liegen nun dunklere Kissen, in der Vase stehen winterliche Zweige.

Oben Wenn der Wechsel der Jahreszeiten im Kleiderschrank spürbar wird und Sie den Wintermantel gegen eine leichte Regenjacke zum Schutz vor Frühlingsschauern austauschen, kann auch die Wohnung ein frisches Gewand vertragen.
Rechts und gegenüber Es sind Details, die die Raumstimmung mit den Jahreszeiten verändern, etwa die helleren Farben im Frühling und die dunkleren im Herbst. Die immergrünen, gestutzten Buchsbaumpflanzen in den schlichten Zinkeimern aus dem Haushaltswarengeschäft machen rund ums Jahr eine gute Figur
Ganz rechts, oben Mit Decken lässt sich im Nu für Wärme und saisonale Farbtupfer sorgen.
Ganz rechts Eine überdimensionale Keramikschale mit Walnüssen, einfach auf den Boden gestellt, wird zum lässigen Symbol für die Fülle des Herbstes.

Verspielte Kleinigkeiten wecken Neugier und laden das Auge zu Entdeckungsreisen ein.

Ist für die Grundelemente eines Raums gesorgt, können Sie mit Accessoires die Stimmung ganz nach Laune und Bedürfnissen variieren. Am liebsten spiegele ich die Jahreszeiten durch Textilien. Kissen kann man mit Schmuck vergleichen – es sind kleine Details, die das Gesamtbild aufwerten. Weil man nur wenig Stoff braucht, sind sie auch recht preiswert. Sie können bedenkenlos gewagtere Stoffe und Muster verwen-

Oben, von links nach rechts Winterbezüge aus antikem Matratzendrell für einen Sessel. Ideen können auch spontan kommen, wie der Zweig aus dem Garten als Garnierung der Uniformjacke.
Unten, von links nach rechts Die lose Husse aus transparentem Leinen sieht reizend aus. Zweckentfremden ist erlaubt: Dieser Bezug ist eigentlich ein Badetuch, kleidet aber auch ein Kissen bestens. In Emailleschalen präsentieren sich Fundstücke vom Strand. **Gegenüber** Winterliche Kuschelecke: ein gemütlicher Sessel mit gestrickten Decken und Kissen aus dicker Wolle.

den, denn wenn Sie sich daran übergesehen haben, können sie kurzerhand abgezogen und bis zu einer anderen Gelegenheit verstaut werden. In den Restekisten von Stoffgeschäften findet man oft edle Materialien für wenig Geld, um Fehler oder Schäden im Stoff schneiden Sie einfach herum. Ich kaufe auch gern alte Textilien bei Trödlern ein und funktioniere sie zu Kissenbezügen um.

Es macht viel Spaß, Muster zu mixen. Drell mit klassischem Matratzenstreifen sieht beispielsweise im Frühling neben einem Blumenkissen hübsch aus, passt aber im Winter ebenso zu einem edlen Paisley-Muster. Auch mit Decken kann man die Stimmung eines Raumes im Handumdrehen verändern. Ich besitze nur für diesen Zweck einen ganzen Stapel Wolldecken, Läufer und Tagesdecken. Gehen Sie auch einmal in Ihrem Kleiderschrank auf die Suche nach Anregungen. Meine Abendstola aus Samt macht sich im Winter auf einem großen, bequemen Sessel sehr gut. Im Sommer hole ich einen zarten Häkelschal hervor und drapiere ihn über eine Ottomane. Oder legen Sie ein größeres Stück Stoff einfach

über ein Sitzpolster – im Winter vielleicht wärmenden Tweed in einer ruhigen Farbe, im Frühling eine Tischdecke mit Vichykaro. Ein wuchtiger Ledersessel sieht viel leichter aus, wenn man ihm ein Sommerkleid aus einem großen Leinenbettlaken verpasst. Sparen Sie sich ruhig die Mühe, exakt passende Bezüge zu schneidern – es reicht aus, die Ecken zu verknoten. Selbst einen simplen Holzstuhl, der ungenutzt in der Ecke steht, kann man mit einer Reihe verschiedener, auf die Jahreszeiten abgestimmter Stoffe zu einem wandelbaren Blickfang machen.

Ganz links Wenn im Herbst die Tage allmählich kühler und kürzer werden, holen Sie nach und nach wärmere Stoffe hervor. Kissen mit Kaschmirbezügen strahlen die gleiche Gemütlichkeit aus wie eine alte Strickjacke. **Mitte links** Das facettenreiche Farbenspiel der herbstlichen Bäume liefert eine Fülle von Inspirationen. **Mitte rechts** Decken wie dieses Modell in Schokoladenbraun mit den langen Fransen sind ideal, um Farbe und Wärme in einen Raum zu bringen. Die weichen, cremefarbenen Bezüge des Sofas und der Ottomane bilden einen guten, neutralen Hintergrund für vielerlei Accessoires, die auf die Jahreszeiten abgestimmt sind. **Rechts** Eine große Holzschüssel mit frischen Äpfeln sieht stilvoll aus und lädt zum Zugreifen ein.

Einen Platz zum Bestaunen der Natur schaffen

Sammlungen von Textilien, die saisonabhängig ausgetauscht werden, müssen nicht versteckt werden, wenn sie nicht in Gebrauch sind. Zu sauberen Stapeln gefaltet und mit Leinenband oder Bändern in bunten Farben verschnürt sehen sie sehr dekorativ aus. Man könnte sie beispielsweise in einem offenen Regal oder einfach an der Wand in einer ungenutzten Zimmerecke aufbewahren. Auch in großen Weidenkörben, die zugleich als Ablageflächen fungieren können, sind sie gut verstaut. So dienen sie rund ums Jahr als Dekoration und erinnern dezent daran, die Textilien regelmäßig auszutauschen, um zu verhindern, dass der Raum langweilig und statisch wirkt.

Gegenüber Eine geschlossene Veranda kann einen stilvollen Übergang zwischen Innen- und Außenraum bilden. **Oben, von links nach rechts** Platzieren Sie Möbel immer so, dass sie eine schöne Aussicht nicht verstellen. Genießen Sie die Wunder der Natur im Freien und denken Sie daran, Fundstücke für die Wohnung mit nach Hause zu nehmen. **Unten, von links nach rechts** Ein kleiner Holzofen verbreitet im Winter gemütliche Wärme. Genießen Sie die ruhige Schönheit von Stillleben, vielleicht aus Kräutertees in sanften Farben oder aus Holzscheiten für den Kamin.

Platz für Geselligkeit

VIELE DER TRADITIONELLEN FESTE IM JAHRESLAUF HABEN MIT DER ZUBEREITUNG VON SPEISEN ZU TUN. DIESE FESTE SIND FIXPUNKTE IM KALENDERJAHR UND OFT STEHEN DIE CHARAKTERISTIKA DER JEWEILIGEN JAHRESZEIT IM MITTELPUNKT. SIE GEBEN DEM LEBEN EINE GEWISSE STRUKTUR UND HELFEN DABEI, DEN BEZUG ZUM RHYTHMUS DER NATUR ZU SPÜREN. Zwar findet man heute in den Supermärkten Produkte, die aus aller Herren Länder importiert werden, doch hat der natürliche Zyklus aus wechselnden Zeiten der Knappheit und des Überflusses noch immer Einfluss auf unser Leben. Der Geschmack der ersten einheimischen Erdbeeren läutet den Sommer ein, leuchtende Stapel von Orangen, Mandarinen und Zitronen signalisieren, dass der Winter da ist. Der Essplatz hat einen besonderen Stellenwert in der Wohnung, denn ihn teilen wir mit den Menschen, die uns wichtig sind. Es ist ein Platz der Gemeinschaft und der Gespräche. Ein Tisch sollte nicht nur Schönheit ausstrahlen, sondern auch Gedanken anregen. Gastfreundschaft umfasst die Speisen selbst, aber auch die Art der Präsentation und die Atmosphäre, in der sie serviert werden. Erst dadurch erlaubt man Freunden, am eigenen Leben Teil zu haben. Gerade die Details der Gastfreundschaft verraten viel über das Wesen eines Menschen. Sie bestimmen nicht nur den Stil einer schönen Tischdekoration, sondern weit mehr.

Nicht nur das Jahr hat einen natürlichen Rhythmus, sondern auch jeder einzelne Tag. Beide Rhythmen nehmen beträchtlichen Einfluss auf die Veränderungen in der Atmosphäre eines Raums. Und für den Lebensrhythmus eines Hauses spielt der Esstisch eine wichtige Rolle: einmal fallen vielleicht Tränen in eine Tasse Tee, während er an einem anderen Tag vor Gelächter vibriert. Es liegt in unserer Natur als Menschen, dass wir verschiedene Phasen und Stimmungen durchleben. Mein Küchentisch kennt sie alle, er hat Tränen, Gelächter, Liebe und alle anderen nur denkbaren Emotionen gesehen. An ihm essen und feiern wir, unterhalten uns, machen Hausaufgaben, kochen, tratschen, packen Einkäufe aus, vertrödeln uns über einer Tasse Tee, malen, bezahlen Rechnungen. Er wird mit Bienenwachs poliert und mit Seife geschrubbt. Mal ist er mit klebriger Marmelade beschmiert, dann wieder mit Schulheften bedeckt. Und manchmal schimmert er im Kerzenlicht und wartet auf das Abendessen. Seine Wandelbarkeit ist faszinierend. Er ist ein ungeschöntes Spiegelbild all der Emotionen und Stimmungen, die in unserem Haus leben. Andererseits kann aber diese Vielfalt an Emotionen nur gelebt werden, wenn der Raum offen und flexibel gestaltet ist und Platz für Spontaneität lässt.

Viele Impulse zum Auffrischen der Wohnung kommen mir, wenn ich Körbe voll mit Einkäufen und Blumen vom Markt nach Hause bringe. Dieses wöchentliche Auffüllen der Vorräte im Haus, das unmittelbar mit dem Ernähren einer Familie und dem Teilen mit Freunden zu tun hat, birgt etwas sehr Elementares. Es ist ein uraltes Ritual – nicht nur eine lästige Alltagsnotwendigkeit, sondern ein Weg, Zuneigung zu zeigen. Die Farben der wechseln-

Schon mit wenigen klaren Gesten kann man auf den unterschiedlichen Charakter der Jahreszeiten eingehen. Ein unbenutzter Kamin dient als Bühne für wechselnde Dekorationen.

Ganz links Im Winter werden Altarkerzen aufgestellt, dazwischen liegen knorrige Zweige, die auf Sonntagsspaziergängen gesammelt wurden. Ein üppiger Strauß Misteln als traditionelles Symbol der Weihnachtszeit hängt an der Wand. Die selbst genähten Stuhlhussen verbreiten freundliche Heiterkeit und lockern so die strenge Atmosphäre des Raums auf. **Rechts** Zum Sommerstillleben mit dem Spielzeugboot, das an vergangene Kindertage erinnert, passen die zwanglos aufgehängten Aquarelle. An jedem Sommerwochenende kommt eine neue Wolkenstudie hinzu.

Unten Kapkörbchen in schlichten Zinktöpfen hängen draußen an einer kahlen Hofmauer. Die Aussicht gewinnt erheblich, weil die Natur näher an die Wohnung rückt.

den Jahreszeiten bringen Leben in den Raum. Mein Küchentisch ist zu einem Ehrenplatz geworden, auf dem ich regelmäßig kleine Stillleben aus natürlichen Zutaten gestalte. Manchmal ist es nicht mehr als eine einfache Schüssel mit Nektarinen oder ein Krug voller Wildblumen. Oft nimmt man die Dekoration nur aus dem Augenwinkel wahr, doch viele, die vorübergehen, registrieren den kleinen Blickfang und halten einen Moment – vielleicht nur einen winzigen – inne, um zu denken »Wie schön!« Es ist eine kleine Geste, doch wer kann schon den Wert eines schönen Moments definieren? Ich betrachte es als Geschenk, als Möglichkeit, meiner Familie und meinen Freunden meine Zuneigung zu zeigen und vielleicht ihren Tag zu bereichern, indem ich ihnen eine kurze Pause in ihrem geschäftigen Leben schaffe, um über ein kleines Wunder der Natur zu staunen.

Feiern mit einem jahreszeitlichen Thema sind für mich ein großartiger Anlass für aufwändigere Dekorationen. Man muss sich keineswegs auf die gängigen Feiertage wie Weihnachten und Ostern beschränken, auch Anleihen in anderen Kulturen sind erlaubt. In Japan versammeln sich Familien und Freunde, um das Kirschblütenfest im Frühling zu feiern und gemeinsam zu erleben, wenn es Blüten schneit. Begehen Sie es doch einmal in kleinerem Rahmen, indem Sie einige Kirschzweige in einem Krug auf den Küchentisch stellen und das Aufblühen beobachten. Oder machen Sie es den Schweden nach und feiern die Mittsommernacht. Winden Sie Kränze aus Gänseblümchen, dekorieren Sie in duftigem Weiß und servieren Sie eisgekühlten Wodka mit essbaren Blüten, vielleicht roter und orangefarbener Kapuzinerkresse mit dem pfeffrigen Aroma. Im Herbst laden Sie zum Erntedank-Essen ein. Um eine ganz zwanglose Atmosphäre zu schaffen, bedecken Sie eine niedrige Bank oder einen großen Couchtisch mit einem großen Tuch oder einem Kelim und verteilen rundherum alle Kissen, die im Haus zu finden sind. Schwelgen Sie in Kerzen und stellen Sie sie auf alle geeigneten Flächen, sodass elektrisches Licht überflüssig wird. Und dann servieren Sie Kürbissuppe aus einem ausgehöhlten Kürbis.

Ein Esstisch lässt sich ganz einfach verwandeln, indem man ein Tuch darüber legt und eine auf die Jahreszeit abgestimmte Dekoration verwendet. Normalerweise eignen sich natürliche Zutaten am besten. Für besondere Anlässe dient eine schöne Tischdecke als Festgewand. Je nach Jahreszeit bieten sich unterschiedliche Muster und Texturen an.

Ein kleiner Gartenhof kann im Sommer zum zwanglosen Essplatz werden.

Oben, ganz links Im Winter sorgt der Kronleuchter im Haus für warmes Leuchten. Im Sommer wird er gelüftet und darf sich mit Blumentöpfen schmücken. **Unten, ganz links** Ein kleines Trinkglas quillt über von hübschen Blüten und Zweigen frisch aus dem Garten. **Links** Großzügig verteilte Textilien laden zu einem langen, entspannten Nachmittag ein. **Oben** Die intensiven Farben der Kelims und der robusten Baumwollkissen greifen die Farbpalette der Blüten im Garten auf.

Rechts und gegenüber Textilien, die je nach Wetterlage hinzugefügt oder weggeräumt werden, haben großen Einfluss auf die Stimmung eines Raumes. Selbst kleine Veränderungen, etwa der Austausch der Dekoration auf dem Kaminsims, lädt zu einem kurzen Innehalten ein und vermittelt das Gefühl, dass diese Wohnung sehr lebendig ist. **Oben** Durch einfallsreiche Kombinationen von Texturen und Formen lassen sich reizvolle Stillleben gestalten. **Ganz rechts** Ein sommerliches Arrangement ganz in Weiß kann aus so unterschiedlichen Objekten wie einem Krug voll Blumen, einer Kerze und einer Halskette bestehen.

Im Frühling kann man beispielsweise mit frischem Vichykaro und einer Vase mit Narzissen nichts falsch machen. Selbst eine einzelne Tischdecke kann durch wechselnde Kombinationen für verschiedene Jahreszeiten verwendet werden. Eine weiße, hübsch bestickte Tischdecke sieht im Sommer leicht und duftig aus. Wenn kühleres Wetter nach einer wärmeren Atmosphäre im Haus verlangt, könnte man sie über eine Decke aus grobem Leinen drapieren. Zum Sitzen reicht auch eine Gruppe verschiedener Stühle vom Flohmarkt aus, vielleicht in einer einheitlichen Farbe gestrichen. Und mit einer selbst genähten Husse sieht selbst der schäbigste Stuhl edel aus.

Träumen und erholen

DAS SCHLAFZIMMER IST EIN SEHR PERSÖNLICHER RAUM. HIER IST PLATZ FÜR UNSERE INTIMSTEN GEDANKEN UND PRIVATESTEN HABSELIGKEITEN, DENN FREMDE HABEN KEINEN ZUTRITT. IM SICHEREN HAFEN DER WOHNUNG IST DAS SCHLAFZIMMER EIN GANZ SPEZIELLER SCHUTZRAUM. NUR IM SCHLAFZIMMER FÜHLEN WIR UNS SO SICHER, DASS WIR WAGEN, UNSERE TRÄUME UND FANTASIEN UNGEHINDERT FLIEGEN ZU LASSEN. Wo wir den Gedanken die Zügel schießen lassen können, sind auch der Kreativität keine Grenzen gesetzt. In keinem anderen Raum können wir so sehr wir selbst sein. Es ist ein Bereich, um sich zurückzuziehen, sich zu erholen und mit seinen Gedanken allein zu sein. Der Rhythmus des Schlafes ist enger mit den natürlichen Zyklen verwoben als die meisten anderen Aktivitäten. Die wechselnde Länge der Tage und Nächte wirkt sich auf unseren Schlafrhythmus aus: Im Winter fällt uns das Aufstehen beim Klingeln des Weckers schwer, während wir im Sommer sanft von den Sonnenstrahlen geweckt werden. In der Intimität des Schlafzimmers können wir auch unsere Verletzlichkeit stärker zulassen. Es heißt, dass Kinder kurz vor dem Einschlafen besonders aufnahmefähig sind. Haben Sie jemals mit einem Kind, einem Freund oder einem Partner im Dunkeln gesessen und einfach geredet? Irgendwie macht es die Sicherheit des Schlafzimmers und die Decke der Dunkelheit und leichter, sich zu öffnen und die Schutzbarrieren fallen zu lassen, mit denen wir uns normalerweise umgeben.

Üppige Kissen und Decken eignen sich gut zum Variieren der Stimmung des Schlafzimmers im Wechsel der Jahreszeiten.
Oben Eiscremefarben lassen an sommerliche Früchte denken. **Rechts** Ein Moskitonetz macht aus dem schlichten, funktionalen Bett einen sommerlich-romantischen Rückzugswinkel. **Gegenüber** Schlicht weiße Bettwäsche ist sehr vielseitig und kann mit verschiedenen Accessoires im Lauf des Jahres immer ein anderes Gesicht bekommen. **Oben, ganz rechts** Ein weicher Kaschmirpyjama – der Inbegriff an behaglichem Luxus für den Winter. **Unten, ganz rechts** Kleine Blumensträußchen auf dem Nachttisch sind auf die saisonalen Farbthemen abgestimmt.

Im Schlafzimmer sollen Körper und Geist zur Ruhe kommen. Um eine Atmosphäre zu schaffen, in der das Entspannen leicht fällt, sollten Sie sich bewusst mit Dingen umgeben, die Ihnen Wohlbehagen schenken. Hier darf man ungehemmt mit allen Sinnen in taktilen Stoffen schwelgen, in beruhigenden Düften, harmonischen Farben und sanfter Musik. Weil auch die Beleuchtung großen Einfluss auf die Stimmung hat, sollten Sie einen Dimmer einbauen. So lässt sich das Licht den Bedürfnissen anpassen – mal praktisch und hell zum Auflegen des Make-up, mal gedämpft, romantisch und ruhig. Gehen Sie auf Ihre körperliche Bedürfnisse nach Behaglichkeit ein. Im Winter, wenn es draußen trübe ist, kann eine große, gestrickte Decke aus weicher Wolle und eine blühende Amaryllis über der Heizung schon ausreichen, um den Blues zu verscheuchen. Und im Sommer kann eine luftige Atmosphäre mit schlichter, weißer Bettwäsche und Lavendelduft, der durch das offene Fenster hereinströmt, genau die richtige Erfrischung nach einem heißen Tag bringen.

Als Modedesignerin ist es für mich selbstverständlich, Stoffe und Accessoires im Kontext der Jahreszeiten zu verwenden. Ich liebe auch die Vorfreude sehr und genieße es, den Kleiderschrank umzuräumen und die Winterpullover gegen leichte Baumwolle und frisches Leinen auszutauschen. Schon darum empfinde ich es als ganz natürlich, auch meine Wohnung unter dem Aspekt der Jahreszeiten zu gestalten. Räume sollten sich genauso verändern wie die Garderobe. Doch ebenso wie im

Kleiderschrank habe ich auch in der Wohnung Basisstücke. Schöne, weiße Bettwäsche bietet während des ganzen Jahres einen beruhigenden Anblick. Dazu kann man je nach Stimmung und Wetterlage immer andere Farben und Muster kombinieren. Vorbei sind die Zeiten, als Bettwäsche nur in vollständigen Garnituren als akzeptabel galt. Legen Sie einfach zusätzliche Decken auf, wenn es kühler wird, und räumen Sie sie wieder ein, sobald der Sommer kommt. Stellen Sie eine Garderobe für Ihr Bett zusammen.

Ganz schnell lässt sich die Atmosphäre im Schlafzimmer verändern, indem man neue Bettwäsche aufzieht, die schon wegen ihrer großen Fläche beträchtliche Wirkung hat. Leider ist aber wirklich schöne Bett-

Wenn ein Zimmer ganz in Weiß gestaltet wird, müssen die Impulse der Jahreszeiten vorwiegend durch die Texturen zum Ausdruck gebracht werden.

Ganz links Platz ist heute ein echter Luxus geworden. Die sparsame Möblierung dieses Raumes und seine konsequent weiße Gestaltung betonen seine Weite und schaffen eine ruhige, friedliche Atmosphäre. **Mitte links** Funktionale Metallbecher und ein Blumeneimer vom Floristen werden hier als Vasen benutzt. Ihre unverschnörkelte Sachlichkeit passt zu der schlichten Einrichtung, bildet aber einen spannungsvollen Kontrast zu den zarten Blumen, die den Raum mit ihrem sinnlichen Duft füllen. **Mitte rechts** Die klare, reduzierte Einrichtung des Raums ist eine ganzjährige Konstante, doch wenn es kühler wird, werden warme Decken bereit gelegt. Die dicken Kissen sind als Rückenstütze für gemütliche Lesestunden im Bett gedacht. **Oben** Spiel mit Texturen: Der Kontrast zwischen den Decken aus Mohair und Kaschmir, zwischen rau und glatt, fällt in diesem sparsam und zurückhaltend eingerichteten Raum besonders ins Auge.

Oben, ganz links Selbst winzige Details können jahreszeitliche Assoziationen wecken. Im Frühling steht auf dem Stuhl am Bett ein Narzissensträußchen, im Winter wird es gegen eine schöne Postkarte mit warmer, erdiger Ausstrahlung ausgetauscht. **Unten, ganz links** Ein leichtes Sommerkleid, das an der Schranktür hängt, kann durch das reizvolle Licht- und Schattenspiel zum vorübergehenden Stillleben werden. **Links** Leichte Decken aus reiner Baumwolle sind im Sommer angenehm kühl und luftig. **Unten** Im Winter sorgt eine Webpelz-Decke für Wärme, ohne den Stil des Raumes radikal zu verändern.

wäsche nur selten zu finden und kann obendrein unglaublich teuer sein.

Nähen Sie doch einfach Bettwäsche selbst, beispielsweise indem Sie zwei Laken zusammensteppen. Dabei kann am Rand auch, wie man es von Kissen kennt, ein Stehsaum gearbeitet werden. Stoffreste eignen sich bestens für Patchworkbettwäsche. Preiswerte, weiße Baumwollbettwäsche lässt sich mit Spitzen und Litzen schnell und preiswert individuell gestalten. Sie könnten auch hübsche Bänder aufsteppen oder ihnen mit antiken Knöpfen eine besondere Note geben. Spielen Sie mit Kontrasten. Wenn Ihnen ein romantisches Bett mit Bergen von Spitzenkissen gefällt, lassen Sie den restlichen Raum ganz schlicht, damit nichts mit seiner Ausstrahlung konkurriert.

Stellen Sie für Ihr Bett eine Garderobe zusammen, die sich den Jahreszeiten anpassen lässt.

Ein Blick in den Kleiderschrank gibt nicht nur Auskunft über Ihren Stil, sondern kann auch Accessoires für die Dekoration zu Tage fördern. Eine Sammlung von Perlenketten muss nicht im Schmuckkasten versteckt werden. Sie könnte ebenso einen Türgriff schmücken oder sogar als Raffhalter für eine Gardine dienen. Und warum sollte ein schöner Schal nicht als Dekoration an einen Nagel in der Wand gehängt werden? Sortieren Sie Modeschmuck und Accessoires in einer Reihe flacher Körbchen, die griffbereit auf einem Regal vor einer Wand stehen. Es macht Freude, schöne Dinge zu tragen, doch es ist auch sehr befriedigend, die Lieblingsstücke aus dem Kleiderschrank zur Schau zu stellen und täglich anzuschauen. Widerstehen Sie der Versuchung, Neues zu kaufen, wenn sich so viele Schätze in Ihrem Kleiderschrank verstecken.

Wer in dieses Schlafzimmer kommt, fühlt sich wie in den Sommerferien.

Unten, von links nach rechts Verschiedene Möbel vom Flohmarkt passen durch den einheitlich weißen Anstrich gut zusammen. Blasses Wasserblau lässt an den Sommerhimmel denken. Lässige Details wie ein Hemd an einem Wandhaken spiegeln den zwanglosen Lebensstil. **Rechts** Kleine, wie zufällig wirkende Blüten sehen ebenso attraktiv aus wie üppige Blumenarrangements, wirken aber in diesem sommerlich-luftigen Schlafzimmer wesentlich stimmiger.

Eine meiner liebsten Tageszeiten ist der frühe Morgen, wenn mein Mann und ich durch das Geräusch kleiner Füße geweckt werden, die in unser Schlafzimmer tappen. Unsere beiden kleinen Söhne krabbeln schlaftrunken zu uns ins Bett und gemeinsam lassen wir uns langsam in den Tag hinein treiben. Manchmal sitzen wir nur still zusammen, manchmal wird gekichert und es soll auch schon vorgekommen sein, dass Teetassen im Bett umgekippt sind. Für mich ist das einer der schönsten Momente des Tages. Ich liebe die Vorstellung, dass jeden Morgen wieder unser Ehebett zum Familienbett wird. In solchen Momenten, ehe wir uns alle in die weite Welt hinaus wagen, stehen wir uns als Familie beson-

Die skandinavische Atmosphäre dieses Schlafzimmers verträgt sich mit kalter und warmer Witterung gleichermaßen. Die kühlen Blautöne lassen im Winter an eine Schneelandschaft denken und wecken im Winter Assoziationen an das Meer. **Gegenüber** Eiskristalle aus Papier bilden das Abbild des Schnees, der vor dem Fenster fällt. **Oben, von links nach rechts** Der Blick durch die Tür fällt auf einige kleine Gegenstände und lässt ahnen, was sich hinter der Ecke verbirgt. Die Farben der alten Wolldecken sind durch zahllose Wäschen wunderbar sanft geworden. Verschiedene warme Wolldecken und weiche Kissen laden im Winter ein, sich ins Bett zu kuscheln. **Unten, von links nach rechts** Die selbst genähten Kissenbezüge werden mit einfachen Schleifen aus Leinenband geschlossen. Im Sommer, wenn die warmen Decken im Schrank verschwinden und durch frische Liegestuhl-Streifen ersetzt werden, wirkt das Zimmer frisch und kühl. Die geflochtenen Strohpantoffeln passen in den Garten wie ins Haus.

ders nahe. In solchen Augenblicken wird die Intimität des Bettes wirklich greifbar und ich spüre das Gefühl von Sicherheit und Geborgenheit, das unser Haus uns schenkt.

Kleine Gesten von ganz persönlicher Bedeutung sind es, die aus einem Haus ein Zuhause machen. Der Nachttisch verrät viel über das, was in Ihrem Leben gerade vorgeht. Hierher gehören die Bücher, in denen Sie sich verlieren können, dazu eine Duftkerze und vielleicht eine Lieblingspostkarte oder ein Foto. Und verwöhnen Sie sich auch mit einem kleinen Luxus. Ich glaube, Blumen am Bett vermitteln mir darum ein Gefühl von außergewöhnlichem Luxus, weil ich mir vorstelle, dass sie dort nur für mich allein stehen.

Vor Jahren schenkte mein Mann mir ein kleines Skizzenbuch, in das er verschiedene Aquarelle von Landschaften und Wolken gemalt hatte. Es hat seinen Platz auf dem Kaminsims neben dem Spiegel im Schlafzimmer gefunden und ich blättere die Seiten je nach Jahreszeit und Stimmung häufig um. Meine Lieblingsmotive für den Sommer sind die leichten, luftigen Wolkenbilder. Im Winter schlage ich eher die erdigen Landschaften mit den frisch gepflügten, rotbraunen Feldern auf. Das Skizzenbuch ist nicht nur ein besonderes Geschenk, das mir jeden Morgen wieder Freude macht, sondern auch eine ständige Erinnerung an die Veränderungen vor der Tür. Es ist eine Art Anker in meinem Leben, weil es an einem Platz steht, den ich ganz selbstverständlich mindestens einmal am Tag aufsuche.

Badezimmer sind ähnlich private Räume wie Schlafzimmer und sollten darum unter den gleichen Aspekten gesehen werden. Kaum jemand denkt daran, hier Blumen aufzustellen. Und doch können einige Zweige Eukalyptus oder frische Wicken gerade hier gute Laune verbreiten – als erster Gruß am Morgen und letzter am Abend. Hinzu kommt, dass sich in der feuchtwarmen Luft ihr Duft besonders intensiv entfaltet. Badezimmer bieten sich für sommerliche Gestaltungsthemen an. Das mag daran liegen, dass die Bedeutung des Wassers zu blauen und grünen Farbkombinationen anregt. Doch auch sie können im Winter mit flauschigen Handtüchern und sanftem Kerzenlicht sehr warm und behaglich wirken.

Anleihen im Kleiderschrank sorgen in diesem Schlafzimmer rund ums Jahr für spielerische Überraschungen.

Oben, von links nach rechts Antike Taschentücher sind auf Kissenhüllen in kräftigen Farben aufgesteppt. Aus simplen Bettlaken bestehen die weißen Kissenbezüge, auf deren Vorderseiten Omas alte Spitzenservietten genäht wurden. Ein Marmeladenglas dient als improvisierte Vase für die langlebigen und preiswerten Geranien. Auf dem Nachttisch steht ein Liebesbrief, der zusammen mit Rosen-Blütenblättern zwischen zwei Glasplatten gefasst ist. Ein Kranz aus dürren Zweigen aus dem Obstgarten dient als Winterschmuck und symbolisiert den Kreislauf des Jahres. Der Mustermix verhindert, dass das Zimmer allzu ernst wirkt. Die warme Decke besteht aus großen Stücken Wollstoff, die zusammengenäht wurden. Auf dem Nachttisch sammeln sich Dinge an, die von winterlichen Aktivitäten und Interessen erzählen. Skizzen sind einfach an die Wand gepinnt und können jederzeit ausgetauscht werden. Die Zugbeutel wurden aus alten Kleidungsstücken genäht.

Diese Seite Manchmal bleibt die Einrichtung eines Raum ganzjährig einer bestimmten Jahreszeit treu. Das Bad hat Fenster auf zwei Seiten, durch die Licht fluten kann. Die leichte Caféhausgardine aus Leinen schützt vor Einblicken, dunkelt aber nicht ab. Der Duschvorhang besteht aus einer bestickten Baumwollgardine, die mit Plastik gefüttert ist und mit antiken Klammern vom Flohmarkt an der Stange befestigt wurde. **Gegenüber** Kerzenlicht verzaubert den Raum und macht ein winterliches Bad zu einem Ritual für Körper und Seele. Gerade wenn es kalt und dunkel ist, tut es gut, sich in so einer luxuriösen Zuflucht zu verwöhnen.

Danksagung

Die Autorin dankt den folgenden Personen für ihre Mitarbeit an diesem Buch:
Victoria Bailey für ihre kreativen Einfälle
Angela Miller für ihre endlose Geduld
Lisa Hoss Panitz für ihre Begeisterungsfähigkeit
Sian Parkhouse für ihre Verlässlichkeit
Jacqui Small für ihre Weitsicht
James Merrell für sein sicheres Auge

Ein herzlicher Dank geht an alle Mitarbeiter von Ryland Peters & Small

Vielen Dank an alle, die so großzügig ihre Türen öffneten, ihre Wohnungen für dieses Buch fotografieren ließen und viele Anregungen lieferten:
Ann Shore, K. Russell Glover und Angela Miller, Tom Fallon, Sig Bergamin, Gabriele Sanders, Katsuji Asada, Janet und Hiroshi Kazo, Janie Jackson, Barbara Davis und ihre Familie, Liz Dougherty Pierce.

Besonders danken möchte ich Dave, Josh und Ben für ... eigentlich für alles.

Der Herausgeber dankt der Stylistin und Designerin Janie Jackson, deren Arbeiten auf dem Titelbild, auf Seite 94 oben rechts, Seite 86–87 und Seite 114–117 zu sehen sind, sowie den Designern William und Barbara Davis (New York, Tel. 607-264-3673), deren Arbeiten auf Seite 4 Mitte, Seite 34 links und unten links, Seite 41 oben rechts und unten rechts, Seite 78, Seite 100 und Seite 120–121 abgebildet sind.